As Garantias Processuais e o Direito Penal Juvenil

como limite na aplicação da medida socioeducativa de internação

1423

C837g   Costa, Ana Paula Motta
         As garantias processuais e o Direito Penal juvenil:
    como limite na aplicação da medida socioeducativa
    de internação / Ana Paula Motta Costa. – Porto Alegre:
    Livraria do Advogado Ed., 2005.
         173p.; 16 x 23 cm.
         ISBN 85-7348-355-5

         1. Menor: Direito Penal. 2. Menor: Medida socio-
    educativa. I. Título.

                                    CDU – 343.224.1

         Índices para o catálogo sistemático:
         Menor: Direito Penal
         Menor: Medida socioeducativa

    (Bibliotecária Responsável : Marta Roberto, CRB-10/652)

Ana Paula Motta Costa

As Garantias Processuais e o Direito Penal Juvenil

como limite na aplicação da medida
socioeducativa de internação

Porto Alegre, 2005

© Ana Paula Motta Costa, 2005

Capa, projeto gráfico e composição de
Livraria do Advogado Editora

Revisão de
Rosane Marques Borba

Direitos desta edição reservados por
Livraria do Advogado Editora Ltda.
Rua Riachuelo, 1338
90010-273 Porto Alegre RS
Fone/fax: 0800-51-7522
editora@livrariadoadvogado.com.br
www.doadvogado.com.br

Impresso no Brasil / Printed in Brazil

Dedico este livro a todos os adolescentes que estiveram um só dia privados de liberdade ilegalmente ou de forma injusta...

"Caiu a noite me veio um pensamento.
E a saudade foi trazida pelo vento, que bate forte aqui na minha cela.
Vejo a lua pela grade da janela, com a esperança de um dia estar lá fora.
Um aliado há pouco foi embora.
Logo vai chegar a minha vez.
A vida por aqui é como um jogo de xadrez: vence o mais esperto, então deixa quieto.
Eu tô sereno, pelo caminho certo.
Armando o meu futuro, pois quando eu sair, não quero voltar nem lembrar daqui.
Só vou levar as lições que aprendi.
Nestes anos de vida que perdi ..."

(Trecho da música "Código 3", do CD "O RAP é a Minha Alma", gravado durante as oficinas de Hip-Hop realizadas com adolescentes internos da FASE/RS em 2002).

Prefácio

> "Não deixem as portas semi-abertas.
> Escancare-as ou as feche de vez.
> Pelas frestas entrarão somente semi-ventos,
> meias-verdades e muita insensatez ..."

A Constituição Federal brasileira, antecipando-se à Convenção das Nações Unidas de Direito da Criança, incorporou ao ordenamento jurídico do Brasil os princípios fundantes da Doutrina das Nações Unidas de Proteção Integral à Criança, expressos em seus arts. 227 e 228. Estes princípios irão nortear o Estatuto da Criança e do Adolescente, que veio a regulamentar os dispositivos constitucionais que tratam da matéria. O Brasil foi o primeiro País da América Latina a adequar sua legislação nacional aos termos da Convenção. Em verdade foi além, na medida em que incorporou seus primados ao próprio texto da Constituição Federal. A condição de primazia no conjunto das nações latino-americanas na adaptação da legislação nacional aos termos da Convenção das Nações Unidas de Direitos da Criança, resultante no Estatuto, decorreu de um grande esforço nacional, cujo embrião está no movimento constituinte de 1986 – que desembocou na Constituição de 1988.

Passados tantos anos, persiste no País o debate em torno da natureza jurídica da medida socioeducativa, enquanto resposta do Estado à conduta infracional do adolescente. O debate põe em xeque o próprio sistema de justiça para crianças e adolescentes.

Nesse contexto, o presente trabalho de Ana Paula Costa, que tenho a honra de prefaciar, toma uma dimensão transcendental pela importante contribuição que oferece, em especial tendo em conta a autoridade de quem o produz, na medida em que Ana Paula traz a síntese de sua própria vivência profissional nesta obra. A trajetória profissional – e pessoal – de Ana é de compromisso com os Direitos Humanos e a Justiça Social. São testemunhos disso seu trabalho tanto na Prefeitura de Porto Alegre, onde teve atuação definitiva na construção dos programas de atendimento à criança e ao adolescente, tanto na área protetiva, quanto socioeducativa;

quanto em sua passagem pelo Governo do Estado do Rio Grande do Sul, quando, sob seu comando, a antiga FEBEM transformou-se na Fundação de Atendimento Socioeducativo – FASE, uma mudança não apenas retórica, mas fundamentalmente de práticas e condutas.

No debate nacional, sob o argumento da autonomia do Direito da Criança, há aqueles que se insurgem contra a idéia de um Direito Penal Juvenil, olvidando que este conceito encerra o asseguramento de garantias fundamentais de cidadania olvidadas historicamente pelo País no trato do tema de adolescentes em conflito com a Lei. Salvo exceções, a maioria destas manifestações tem um exclusivo caráter corporativo, visando à manutenção de um suposto espaço de poder, discricionário e na maioria das vezes autoritário, invocando o princípio do "superior interesse da criança" para justificar atropelos às garantias processuais e constitucionais. Como este princípio carece de uma definição conceitual, acaba funcionando como o "Cavalo de Tróia" do Direito Tutelar implantado na própria Convenção das Nações Unidas de Direitos da Criança.

O pioneirismo do Brasil na adoção em sua legislação dos termos da Convenção das Nações Unidas de Direito da Criança teve seu custo. Este resulta estampado em algumas concessões que se fez no texto do Estatuto à Doutrina da Situação Irregular. Tais concessões não são expressas, o que é pior, pois resultam de omissões do texto ou de expressões ambíguas, aptas a permitir interpretações indevidas. Bem se diz que se deve cerrar as portas e não deixar frestas, pois por estas podem passar ventos indesejáveis.

No caso do Estatuto da Criança e do Adolescente, a ausência de regras sobre o processo de execução das medidas socioeducativas; a possibilidade de concerto de remissão perante o Ministério Público sem a presença de Defensor na fase anterior à instauração do processo de apuração da responsabilidade penal juvenil perante o Poder Judiciário; a ambigüidade na definição dos tipos penais que autorizam a privação de liberdade e outros deslizes da legislação que comprometem o rigor garantista resultam em "frestas" no sistema por onde se introduz o germe da doutrina da situação irregular, como se constata na crítica que esta obra encerra.

A inconstitucionalidade destas omissões legislativas ou dos dispositivos não-garantistas tem sido progressivamente afirmada pelos Tribunais, acatando, na maioria das vezes, recursos originários das Defensorias Públicas instaladas nos Estados. É o caso do reconhecimento da prescrição da pretensão acusatória ou da pretensão executória da medida socioeducativa por parte do Estado, não afirmada no Estatuto, mas reconhecida analogicamente em face das regras do Código Penal. Sucedem-se decisões do Superior Tribunal de Justiça neste sentido.

A conduta daqueles que não admitem a idéia de um Direito Penal Juvenil e o conseqüente compromisso com o garantismo que disso resulta, implica uma instrumentalização da velha e superada doutrina da situação irregular através da operação retórica de dispositivos do Estatuto, de que nos alerta Emílio García Mendez a respeito das dificuldades do Brasil em dar eficácia às propostas do Estatuto, afirmando a existência de duas crises: de implementação e outra, em verdade responsável por aquela, de interpretação.

O presente livro de Ana Paula traz notável contribuição para a superação da crise de interpretação, fornecendo ferramentas para que se possibilite, de uma vez por todas, garantir a implementação das propostas do Estatuto. Há que se cerrar definitivamente a porta para os defensores da doutrina da situação irregular, àqueles declarados e àqueles dissimulados (e por isso mais perigosos), de modo a que se possa dar plena efetividade ao Estatuto e realizar a receita para uma nova sociedade que a proposta que o produziu encerra.

Para tanto, a leitura deste livro se faz imprescindível.

João Batista Costa Saraiva
Juiz Titular do Juizado da Infância e da Juventude
de Santo Ângelo/RS

Sumário

Lista de siglas 15
Apresentação 17
Nota da autora 19
Introdução 23

Capítulo I – Adolescência, vilolência e sociedade punitiva 27
   1.1. Sociedade Contemporânea e Criminalização da Pobreza 27
   1.2. Violência e sociedade punitiva 32
   1.3. Adolescência e sociedade punitiva 38

Capítulo II – Histórico da legislação penal da infância e da adolescência no Brasil e na América Latina 47

Capítulo III – Direito Penal Juvenil 65
   3.1. Direito Penal Juvenil e princípio da legalidade 65
   3.2. A teoria do crime e o Direito Penal Juvenil 72
   3.3. Natureza sancionatória da medida socioeducativa 78
   3.4. O Sistema Penal Juvenil previsto no Estatuto da Criança e do Adolescente 82
      3.4.1. Medidas Socioeducativas em meio-aberto 83
      3.4.2. Medidas Socioeducativas Restritivas ou Privativas de Liberdade 86
      3.4.3. Remissão 91

Capítulo IV – Processo penal como instrumento de garantias 93
   4.1. Constitucionalização do processo 93
   4.2. Sistemas processuais e modelo processual garantista 97
      4.2.1. Histórico 97
      4.2.2. Sistema inquisitório 100
      4.2.3. Sistema acusatório 102
   4.3. O modelo processual Penal previsto no Estatuto da Criança e do Adolescente 105

Capítulo V – Garantias processuais e sua manifestação nos processos judiciais da infância e da juventude 117
5.1. Princípio da jurisdicionalidade 117
5.2. Separação das atividades de julgar e acusar 121
    5.2.1. Estrutura triangular do processo 121
    5.2.2. Ministério Público: parte 121
    5.2.3. Criminalização de comportamentos 124
    5.2.4. Iniciativa postulatória 127
    5.2.5. Iniciativa probatória 130
    5.2.6. Imparcialidade do juízo 135
5.3. Direito à defesa técnica e autodefesa 136
    5.3.1. Igualdade entre as partes: um desafio 136
    5.3.2. Direito à defesa e a Constituição 138
    5.3.3. Atuação da defesa 139
    5.3.4. Autodefesa 141
    5.3.5. Defesa técnica 142
    5.3.6. Direito à defesa na realidade processual 143
5.4. Fundamentação das decisões judiciais 147
    5.4.1. Racionalidade: a legitimidade do poder 147
    5.4.2. A fundamentação das decisões na Justiça da Infância e da Juventude 149
    5.4.3. Conteúdo das fundamentações 151
    5.4.4. Valoração das provas 152
    5.4.5. Subjetivismo nas fundamentações 154
    5.4.6. Fundamentações com base na periculosidade do adolescente 157
    5.4.7. O juiz e o contexto social contemporâneo 158

Considerações finais 161

Referências bibliográficas 169

Lista de siglas

CF	Constituição Federal
CM	Código de Menores
CP	Código Penal
CPC	Código de Processo Civil
CPP	Código de Processo Penal
ECA	Estatuto da Criança e do Adolescente
FASC	Fundação de Assistência Social e Cidadania
FASE/RS	Fundação de Atendimento Socioeducativo do Rio Grande do Sul
FEBEM/RS	Fundação do Bem-Estar do Menor do Rio Grande do Sul
FUNABEM	Fundação Nacional do Bem-Estar do Menor
ICPAE	Internação Com Possibilidade de Atividades Externas
ISPAE	Internação Sem Possibilidade de Atividades Externas
JIJ	Juizado da Infância e da Juventude
LEP	Lei de Execuções Penais
MP	Ministério Público
MSE	Medidas Socioeducativas
PEMSE	Programa Municipal de Execução de Medidas Socioeducativas em Meio-aberto
PMPA	Prefeitura Municipal de Porto Alegre
POA	Porto Alegre
RS	Rio Grande do Sul
SAM	Serviço de Assistência ao Menor

Apresentação

A questão da violência juvenil sempre foi, assumidamente, marginalizada pela dogmática jurídica e, especialmente na parte processual, isso conduziu a uma péssima sistematização, atingindo patamares de incrível hibridez, com marcada feição inquisitória. Nesse cenário, o trabalho de Ana Paula surge como uma verdadeira (e necessária) "recusa", requestionando as certezas do senso comum teórico vigente. Trata-se de uma excelente dissertação de Mestrado, aprovada com nota máxima no Programa de Pós-Graduação em Ciências Criminais da Pontifícia Universidade Católica do Rio Grande do Sul, e que tive a honra de orientar.

Além de sólida bibliografia, a obra está amparada por uma pesquisa de campo muito bem estruturada, que contribui para legitimar o discurso da autora. Por opção metodológica e melhor circunscrição do objeto, foram trabalhadas as categorias (princípios) "separação das atividades de acusar e julgar" (o que evidenciou plena inquisitorialidade do sistema); "direito de defesa pessoal e técnica" (impressionante o baixo nível de eficácia da garantia); e, por fim, a "motivação das decisões judiciais" (que revelou, como esperado, o absurdo predomínio do poder em relação ao saber e o baixíssimo nível de observância da garantia). A autora não desconhece que o sistema de garantias processuais também exige, além desses três princípios, a estrita observância da "jurisdicionalidade" e da "presunção de inocência". Contudo, atendendo as peculiaridades do processo na Justiça da Infância e da Juventude, e melhor sistematização da pesquisa de campo, o trabalho centrou-se nesse tríplice vértice. Ao final, o processo desvelado na estrutura do ECA é apavorante: uma verdadeira monstruosidade jurídica.

É mais do que necessário – após desvelar essa teratologia – reler *La Cenicenta* de Carnelutti para, no mesmo compasso de guerra que nós processualistas penais abrimos à famigerada "teoria geral do processo", lutar por um devido processo na Justiça da Infância e Juventude. Nessa luta, cremos que uma aproximação com o processo penal pode render bons frutos, pois aqui sim compartilhamos de um mesmo princípio fundante: a tutela do débil submetido ao processo. Trata-se de uma debilidade estrutural (e estruturante, por suposto) que nada tem a ver com as condições socioeconômicas do imputado. A própria noção de sistemas (acusatório e inquisitório), em que pese muitos insistirem no tal "sistema misto" e na mera separação das atividades iniciais, deve ser repensada nos processos da Infância e Juventude a partir da gestão da prova, enquanto núcleo fundante, e de toda a (boa) doutrina processual penal desenvolvida em torno da questão (nunca foi tão importante ler Jacinto Coutinho).

No mesmo sentido, é fundamental buscar-se uma maior eficácia dos direitos de defesa e da fundamentação das decisões judiciais. Outro aspecto preocupante é a ilusão – destacada pela autora – de que "todos no processo estão a serviço da defesa do adolescente". É uma falácia garantista similiar àquela existente na execução penal (e o discurso de que "todos são defensores do apenado", quando na verdade, ninguém o é!) e que se transforma, na realidade, num hibridismo inquisitorial em que todos estão contra o imputado (ou pelo menos, ninguém está realmente a seu favor).

O que precisamos é de um juiz em posição de *terzietà* (afastado, portanto, da iniciativa probatória e garantidor da eficácia do sistema de garantias), e de partes com papéis claramente definidos na estrutura dialética. Grave erro, nesse campo, é repetir o (absurdo) discurso de parte imparcial para legitimar uma atuação do Ministério Público para muito além do seu (real) papel de contraditor natural do sujeito passivo. Basta recordar as lições de Guarnieri: acreditar na imparcialidade do Ministério Público é incidir no erro de confiar *al lobo la mejor defensa del cordero.*

De outro lado, imprescindível potencializar (no campo normativo e prático) a defesa pessoal e técnica (e a Defensoria Pública, por elementar), pois essa incrível "ausência de fala" (estágio da *proto-palavra* vai dizer Dussel) inviabiliza que o processo alcance o mínimo de dialeticidade inerente e exigido pelo ritual judiciário (tão bem exposto por Garapon).

Nessa perspectiva, de desvelar a hipocrisia do discurso dominante, expondo as chagas do processo da Infância e da Juventude, bem como de fazer uma salutar resistência (democrática e constitucional) à barbárie e ao (ab)uso de poder, situa-se a obra de Ana Paula Motta Costa.

Cumprimentos à autora. A democracia e os adolescentes agradecem.

Aury Lopes Jr.
Doutor em Direito Processual Penal pela Universidad Complutense de Madrid
Professor no Programa de Pós-Graduação em Ciências Criminais - PUC/RS
Pesquisador do CNPq. Advogado
www.ambito-juridico.com.br/aurylopes

Nota da autora

O estudo aqui apresentado é uma síntese do trabalho originalmente desenvolvido como requisito final para a conclusão do Curso de Mestrado em Ciências Criminais, da Pontifícia Universidade Católica do Rio Grande do Sul, o qual foi apresentado em maio de 2004, sendo-lhe atribuída nota máxima pela banca examinadora.

Para que o texto adquirisse um formato mais genérico, adequado à publicação, foi necessário modificar o documento original, excluindo os relatórios que expunham a pesquisa empírica desenvolvida, bem como os dados quantitativos que dizem respeito aos jovens que cumpriam medida socioeducativa de internação no Rio Grande do Sul.

Cabe esclarecer, no entanto, o tipo de pesquisa empírica que foi realizada, para que o leitor tenha referência de onde saíram as afirmações e conclusões que encontrará expostas no decorrer do texto.

O ponto de partida foi o universo de adolescentes internados nas unidades de internação Fundação de Atendimento Socioeducativo/FASE, nos anos de 2001 e 2002, utilizando-se como fonte os dados quantitativos institucionais, sistematizados nos relatórios da Fundação do respectivo período.

Foram selecionados dez adolescentes, em que foram identificados previamente problemas na pertinência da medida socioeducativa a eles imputada, ou que houve indícios de desrespeito às garantias processuais nos processos judiciais de conhecimento a que foram submetidos. Estes processos foram analisados a partir das garantias processuais constituídas em categorias de análise: "separação das atividades de julgar e acusar", "direito à defesa técnica e autodefesa" e "fundamentação das decisões judiciais".

Tratou-se de uma pesquisa empírica com função ilustrativa em relação ao estudo teórico desenvolvido. Não teve, portanto, a pretensão de formular generalizações sobre a aplicação do Estatuto da Criança e do Adolescente em seu aspecto penal. Foi uma seleção de dados qualitativos acompanhada da análise de conteúdo destes dados, buscando demonstrar a relação existente entre o modelo de garantias processuais construído de forma teórica e a observação de determinadas práticas processuais.

Penso que a síntese não trouxe prejuízo ao conteúdo aqui apresentado, pois a essência foi preservada. O fato é que um trabalho para publicação e maior circulação, necessariamente, precisa adquirir um formato diferenciado de uma pesquisa de âmbito acadêmico, que teve seu foco em uma realidade específica. Caso exista interesse, o leitor poderá buscar os dados desejados no relatório de dissertação, cuja referência consta na bibliografia em anexo.

Também é oportuno registrar, que o trabalho desenvolvido não seria possível, se não fosse a valiosa colaboração de várias pessoas. De modo especial, gostaria de registrar os seguintes agradecimentos:

Em primeiro lugar, à Coordenação do Programa de Pós-Graduação em Ciências Criminais-Mestrado e aos professores Ruth Maria Chittó Gauer, Salo de Carvalho, Gabriel Chittó Gauer, Alberto Rufino de Souza, pela abertura de caminhos teóricos.

Ao professor Aury Lopes Junior, meu orientador, um sincero agradecimento, pelo padrão de exigência estabelecido, pela confiança e pela clareza de referência teórica, o que possibilitou a definição dos rumos a serem percorridos durante o trabalho.

Aos professores Nereu José Giacomolli e Miriam Guindani, que juntamente com meu orientador, compuseram a banca examinadora da dissertação. Pela disposição de leitura atenta e crítica, pelas contribuições feitas, pelas críticas, elogios e pelo reconhecimento que expressaram, demonstrando identificação com o tema e com o trabalho realizado.

À minha equipe de companheiras e companheiros de trabalho à frente da gestão da Fundação de Atendimento Socioeducativo do Rio Grande do Sul – FASE/RS, 2000/2002, em especial, a Vládia, Silvia, Kátia, Ana Luiza, Silvana, Vera, Maria Gessi, Adriano e Tatiana, por tudo que vivemos juntos, pela compreensão política e teórica de nossa tarefa e pelo entendimento comum de que o estudo e a sistematização dos conhecimentos adquiridos na prática profissional têm importante papel na evolução desta mesma prática.

Aos funcionários e colaboradores da Fundação de Atendimento Socioeducativo do Rio Grande do Sul – FASE/RS, não só agradeço por todo o aprendizado que a convivência me possibilitou, como expresso meu reconhecimento pelo trabalho realizado por muitos, contra a lógica institucional e em defesa dos direitos dos adolescentes.

Aos juízes da Infância e da Juventude, pela disponibilização do material empírico utilizado no trabalho. De modo especial, aos juízes Leoberto Brancher e Vera Deboni, pela abertura de caminho junto a seus colegas e pela contribuição recebida nas inúmeras discussões realizadas, refletindo a prática e buscando a coerência. Da mesma forma, agradeço às funcionárias do IIIº Juizado da Infância e da Juventude de Porto Alegre, Beatriz, Fabiane e Antônia, pela colaboração na identificação e na busca dos processos utilizados para pesquisa.

A Emílio García Mendez e João Batista Saraiva, mestres e amigos, pelo estímulo e crença comum na importância da produção de doutrina sobre Direito Penal Juvenil.

À minha família, por tudo que somos, pela ajuda e pela compreensão.

Ao meu marido e companheiro, Marcelo, e às minhas filhas, Sofia e Helena, meus três amores, porque estiveram junto de mim todos os dias da produção deste livro.

Introdução

Este trabalho trata das garantias processuais, enquanto instrumentos de limitação da violência institucional praticada quando da aplicação inadequada das medidas socioeducativas, previstas no Estatuto da Criança e do Adolescente, Lei 8.069/90. Foram abordados elementos legais, operacionais, teóricos e culturais que orientam a atuação e a tomada de decisão nos processos judiciais de conhecimento que produzem a aplicação da medida socioeducativa de internação. Buscou-se, através de uma abordagem teórica garantista, descrever e analisar os problemas na atuação dos operadores jurídicos nos processos, verificando os fatos que contribuem para a não-observação das garantias legais existentes.

Com isso, pretendeu-se demonstrar a interconexão entre as práticas jurídicas, a realidade social e a concepção punitiva da sociedade. Assim, foram utilizados subsídios de várias áreas das Ciências Sociais a partir de uma abordagem interdisciplinar, porém enfocando especialmente a aplicação do Direito Processual desde um ponto de vista sociológico.

Ganha importância a reflexão crítica sobre a aplicação indevida das medidas socioeducativas, especialmente no que se refere à medida privativa de liberdade, quando se verificam dados como os obtidos junto à Fundação de Atendimento Socioeducativo quanto aos adolescentes internados no período compreendido entre os anos de 2000 e 2002, os quais indicam uma maior incidência de ingressos motivados por atos infracionais contra o patrimônio (52,4% em 2001 e 42,7% em 2002), em contraponto aos motivados por atos infracionais contra a pessoa (8,5% em 2001 e 7,6% em 2002).[1]

Essas informações, por um lado, contrariam o mito da periculosidade dos atos infracionais cometidos por adolescentes, uma vez que retratam que a maior parte das infrações cometidas, e que resultaram na privação de liberdade, não têm por motivação a violência contra a pessoa. Porém, de outra parte, comprovam a aplicação inadequada, ou de forma exagerada

---

[1] Relatórios Estatísticos 2001 e 2002, produzidos pela "Assessoria de Informação e Gestão" da Fundação de Atendimento Socioeducativo – FASE/RS.

da medida de internação, que deveria destinar-se à prática reiterada de atos infracionais graves, ou em que tenha havido grave ameaça ou violência contra a pessoa (art. 122, incs. I e II, do ECA).

No decorrer do trabalho, buscou-se fazer a relação entre essa realidade, que faz parte do contexto brasileiro contemporâneo, e outros fatores, que estão conjugados enquanto causa e efeito, entre os quais: a cultura punitiva da sociedade, a distorção na interpretação do Estatuto da Criança e do Adolescente e os problemas da própria legislação.

Este assunto possui atualidade não só pela inexistência de outro na forma aqui apresentada, como pela necessidade cada vez mais premente de produções acadêmicas no campo do Direito, ou da Sociologia Jurídica, que tratem de assuntos relacionados ao Estatuto da Criança e do Adolescente. Existe pouca doutrina que relacione os campos do Direito abordados, que são considerados praticamente independentes – Direito Penal, Processo Penal e Direito da Criança e do Adolescente –, e este é um dos fatores que dificultam o avanço na construção jurisprudencial sobre o tema.

De outro lado, o debate político em torno do Estatuto e de temas relacionados aos adolescentes autores de atos infracionais tem gerado intermináveis polêmicas. As propostas de emendas à Constituição de redução da idade de imputabilidade penal, os atos de violência praticados por jovens – sobre os quais não raras vezes versa a idéia equivocada de impunidade –, o envolvimento do grande contingente de jovens da periferia com o tráfico de drogas, entre outros, são temas que acabam por colocar em risco a própria manutenção do conjunto dos direitos sociais conquistados junto ao Estatuto da Criança e do Adolescente.

A leitura interdisciplinar sobre estas questões evidencia a estreita relação entre infância e democracia, juventude e contemporaneidade, Estado de Direito, garantias constitucionais e conjunturas políticas específicas, ampliação do estado penal e diminuição do estado social. Conforme costuma referir Mendez,[2] independente do quantitativo reduzido, a questão do adolescente infrator constitui-se em um extraordinário termômetro da democracia.

Em um contexto em que a sociedade brasileira vive a violência como parte do cotidiano e como fenômeno midiático, quase que como um produto a ser consumido, a aplicação do Direito, não sendo neutra, responde às pressões da sociedade punitiva. Opera-se a justiça como meio de solução dos conflitos sociais, mesmo que em detrimento das garantias individuais, colocando, assim, em risco o próprio Estado de Direito, enquanto mito estruturador do pensamento da modernidade.

---

[2] MENDEZ, Emílio García, BELOFF, Mary. *Infância, Lei e Democracia na América Latina*, p. 21-44.

Diante da complexidade da realidade social contemporânea, da ausência de certezas, da falta de perspectivas e da crise do Estado Democrático de Direito, a lei, tanto penal quanto processual, constitui-se muito mais do que como um pacto programático com perspectiva de concreta efetivação, mas como um instrumental de construção cotidiana de melhores condições de vida individuais e coletivas, especialmente a partir da conquista de novos patamares de consciência.

Nesse sentido, a escolha por desenvolver este estudo tem o objetivo de contribuir com instrumentais teóricos para a intervenção na realidade. Diante da observação sobre o contexto da privação de liberdade de adolescentes no Rio Grande do Sul, constata-se que a melhor alternativa está em reduzir o quanto possível o número de adolescentes que recebem a aplicação da medida socioeducativa de internação, especialmente quando se tratam de situações injustas ou contrárias à Lei. A redução dos danos causados pela aplicação indevida do Estatuto da Criança e do Adolescente depende da formulação e do aprofundamento de instrumentos que possam ser aplicados no contexto das realidades processuais. Portanto, é a serviço dessa perspectiva que foi feito o estudo ora apresentado.

No Capítulo I, abordou-se a sociedade contemporânea, as mudanças no mundo do trabalho, a redução do estado de bem-estar social e a ampliação do estado penal, relacionando tais fatores com as características da sociedade punitiva e, especialmente, com a violência vivenciada e protagonizada pelos jovens das periferias.

No segundo capítulo, fez-se um resgate histórico da legislação e da política pública voltada para a infância e juventude no Brasil e na América Latina. Buscou-se demonstrar a relação entre cada momento histórico específico e a forma de tratamento da delinqüência juvenil. Assim, fez-se a contextualização do surgimento da Convenção Internacional dos Direitos da Infância e da aprovação do Estatuto da Criança e do Adolescente no Brasil, demonstrando porque tais diplomas legais significaram avanços no sentido das garantias individuais e sociais, apesar de seus limites e de eventuais dificuldades operacionais, desvelados nos anos seguintes de sua implementação.

O terceiro capítulo trata do Direito Penal Juvenil contido no Estatuto da Criança e do Adolescente, enquanto modelo de responsabilização dos adolescentes que cometem atos infracionais, ou seja, crimes ou contravenções tipificados na Lei penal, aos quais são aplicadas medidas socioeducativas. Este tema foi abordado em sua relação com o princípio da legalidade, conquista do Estado Democrático de Direito na modernidade, bem como com os demais princípios dele decorrentes e com a Teoria do Crime. Buscou-se, portanto, aprofundar a relação entre a doutrina de Direito Penal garantista e a especificidade da legislação penal contida no

Estatuto, não enquanto um direito autônomo, mas referenciado nos princípios e nas conquistas efetivadas pela humanidade nos últimos séculos.

O quarto capítulo trata de Processo Penal, da relação entre Constituição e Direito Processual, dos modelos processuais conhecidos historicamente e de sua identificação com as características de cada sociedade. Além disso, apresenta-se o Processo Penal contido no Estatuto da Criança e do Adolescente, identificando os instrumentos de garantias e os limites desta Lei, relacionando-os com a possibilidade de sua interpretação sistêmica.

O Processo Penal, enquanto instrumento de limitação do poder punitivo do estado e de proteção dos sujeitos perante tal poder punitivo, possui um conjunto de princípios, entre os quais, "a separação entre as atividades de julgar e acusar", "o direito a defesa técnica e autodefesa" e "a obrigação de fundamentar as decisões judiciais". Essas garantias, características do modelo processual acusatório, foram aprofundadas no quinto capítulo, relacionando sua conceituação teórica com a prática processual da área da infância e da juventude. Essa análise teve como fonte de inspiração a observação dos processos judiciais utilizados na pesquisa que deu origem ao trabalho aqui apresentado, além do conhecimento acumulado na prática cotidiana.

Vê-se que o olhar de pesquisa realizado partiu dos referenciais teóricos e críticos apresentados e dirigiu-se à identificação dos problemas observados nos processos, especialmente voltando-se para as irregularidades na atuação dos operadores jurídicos. Cabe salientar, no entanto, que não se deixa de reconhecer a existência de inúmeros operadores jurídicos que costumam atuar com respeito às garantias processuais juvenis, bem como se leva em consideração que o contexto político e social onde está inserido cada processo está repleto de contradições e limites que acabam influenciando, ou mesmo determinando, as opções feitas no interior de cada relação processual.

A análise crítica é, antes de tudo, externa aos processos e aos contextos em concreto e, por isso mesmo, limitada. Porém, busca contribuir com a formulação teórica que irá informar atuações a serem realizadas no futuro, ainda que também esta perspectiva esteja limitada pelas incertezas da contemporaneidade.

Capítulo I

Adolescência, violência e sociedade punitiva

1.1. Sociedade contemporânea e criminalização da pobreza

No século XX, as pessoas nunca foram efetivamente livres para determinar seu próprio destino. A modernidade não foi capaz de constituir um pacto que trouxesse melhorias para o desenvolvimento social. As guerras, a não-democracia, a não-distribuição de bens sociais, a discriminação, o não-respeito às diferenças, a incerteza, a involução de valores, muito além de anomalias contrárias à boa intenção civilizatória, foram constituintes do pensamento social hegemônico, especialmente do individualismo.

Bauman afirma que a limpeza e a ordem, ideais da modernidade, não são características instintivas dos seres humanos; é preciso obrigá-los a respeitar tais regras, tolhendo a liberdade de agir segundo seus próprios instintos, portanto, "a civilização se constrói sobre a renúncia ao instinto (...) o homem civilizado trocou um quinhão das suas possibilidades de felicidade por um quinhão de segurança".[3] Nesse contexto, o mal-estar gerado na modernidade era causado pela coerção da liberdade e pela obediência à ordem.

No entanto, vivemos hoje o período da desregulamentação e da libertação da renúncia forçada, frente ao valor maior a ser preservado, que é a liberdade individual. Agora os valores da sociedade moderna de ordem, pureza e limpeza devem ser preservados, porém estão ao encargo do esforço individual. Também hoje se ganham algumas coisas em troca de outras perdas. "Os homens e as mulheres pós-modernos trocam um quinhão de suas possibilidades de segurança por um quinhão de felicidade".[4] Tal felicidade tem como base a liberdade individual, enquanto busca do próprio prazer, da emoção, do instinto. Portanto, a felicidade buscada hoje

---
[3] BAUMAN, Zigmunt. *O mal-estar da pós-modernidade*, p. 8.
[4] Idem, p. 10.

é a satisfação, mesmo que por um instante, dos sentimentos represados, como episódios, momentos, e não enquanto estado permanente ou duradouro.

A sociedade individualista e atomizada do início do séc XXI segue seu caminho indeterminado e sem um único destino, em meio aos riscos que, embora em intensidades diferentes, são democraticamente distribuídos a todos, conforme Beck.[5] Para o autor, vivemos num período em que não existem certezas, sendo que essa imprevisibilidade dos riscos da modernização é justamente o fator mais democrático de todos os tempos. Nesse sentido, alerta que na pós-modernidade a agudização das desigualdades sociais se entrelaça com a individualização, de modo que os graves problemas do sistema e as crises sociais são transformados e compreendidos como elementos representativos de um fracasso pessoal, isto é, são vistos enquanto demonstração de uma crise individual.[6]

Nesse contexto, observa-se um processo mundial de diminuição do estado social e de ampliação do estado penal, o que, conforme Wacquant, constitui-se em um paradoxo:

"A penalidade neoliberal apresenta o seguinte paradoxo: pretende remediar com 'mais estado' policial e penitenciário o 'menos estado' econômico e social que é a própria causa da escalada generalizada da insegurança objetiva e subjetiva em todos os países, tanto no primeiro como no segundo mundo".[7]

O primeiro desafio de nossos dias está em compreender a realidade em toda a sua complexidade, em tempo e em velocidade que acompanhem as transformações cotidianas. Mudar a realidade, melhorar as condições de convivência social, ter algum controle sobre o caos pode ser a utopia de hoje. Nessa perspectiva, o próprio Estado de Direito tornou-se uma utopia, sendo que os instrumentos garantistas de Direito Penal hoje são menos aplicados do que outras formas de controle extrapenais, mesmo que tais formas de controle resultem na maior utilização do sistema carcerário.

O fato é que, nos últimos anos, o número de encarcerados, e de todos que dependem da indústria do encarceramento, tem crescido constantemente. O mesmo tem ocorrido com a população dos ociosos – exonerados, abandonados, excluídos da vida econômica e social. Conseqüentemente, tem-se ampliado a violência efetiva e também o sentimento de insegurança na sociedade em geral.

---

[5] BECK, Ulrich. *La sociedad Del Riesgo. Hasta una nueva modernidad*, p. 41-42.
[6] Idem, p. 117.
[7] WACQUANT, Loïc. *As prisões da miséria*, p. 7.

Wacquant[8] demonstra a tendência mundial de ampliação das populações carcerárias em diferentes continentes, característica que não está relacionada com o aumento da criminalidade, mas com preferências culturais e decisões políticas. Poucos países, segundo o autor, encontram-se em tendência de deflação destas populações, precisamente a Alemanha, a Áustria e a Finlândia, sociedades que também comportam melhores condições em seus modelos de estado social.

Essa tendência encontra terreno ainda mais fértil nos países atingidos por fortes desigualdades sociais e por grande diferença nas condições de vida da população. Ou ainda, em países, como o Brasil, em que não há tradição de instituições democráticas, capazes de amortecer os efeitos das mudanças no mundo do trabalho e, em razão de suas características históricas e políticas, não houve uma efetiva constituição do estado de bem-estar social.

Estes últimos trinta anos, conforme Bauman,[9] foram decisivos para a mudança na constituição característica da sociedade ocidental. Antes, estar desempregado era a designação daqueles sem trabalho e constituía-se na exceção. Nos dias de hoje, diz o autor, estar empregado continua sendo a regra, mas a condição de exceção daqueles que estão sem trabalho é a transgressão. Antes os desempregados constituíam o "exército de reserva", que deveria ser preparado para reassumir o emprego. Hoje já não é mais assim, as melhorias econômicas já não apontam para a ampliação dos empregos, mas, sim, são consideradas progresso a diminuição da força de trabalho e a flexibilidade das relações de trabalho. Empregos, como antes eram compreendidos, não existem mais, "o capital já se tornou a encarnação da flexibilidade. (...) Sem empregos, há pouco espaço para a vida vivida como projeto, para planejamento de longo prazo e esperanças de longo alcance".[10]

Nesse contexto, o estado de bem-estar social e os dispositivos de previdência que eram, então, considerados uma rede de segurança coletiva não contam mais com esta perspectiva. Segurança coletiva porque a comunidade tinha a responsabilidade de garantir que os desempregados tivessem saúde e condições suficientes para se reempregar.

Essa situação poderia ser assim quando a indústria assegurava trabalho e subsistência para a maioria da população e cabia ao estado arcar com os custos marginais. Hoje, como um crescente setor da população nunca mais reingressará na produção, não há interesse, por parte daqueles que dirigem a economia, em manter seus custos. Conseqüentemente, os dispo-

---

[8] WACQUANT, Loïc. *As prisões da miséria*, p. 144-151.
[9] BAUMAN, Zigmunt. *O mal-estar da pós-modernidade*, p. 49-52.
[10] Idem, p. 50.

sitivos da previdência, antes direitos dos cidadãos, transformaram-se em estigma dos incapazes e imprevidentes.

Para Castel,[11] não se trata de uma crise pontual, mas de um processo de desestabilização da condição salarial. A vulnerabilidade das massas e, de forma mais aguda, a exclusão social de grupos específicos são resultado da desagregação progressiva das proteções ligadas ao mundo do trabalho. Consistem em processos de desestabilização, através da degradação das condições de trabalho, ou da fragilização dos suportes de sociabilidade.

Afirma Bauman:

"Se atualmente ouvimos dizer que nós, os contribuintes, já não podemos custeá-lo, isso significa apenas que o estado, a comunidade, já não considera conveniente ou desejável subscrever os custos sociais e humanos da solvência econômica. (...) Em vez disto, transfere o pagamento às próprias vítimas, presentes e futuras. (...) Não há mais seguro coletivo contra os riscos: a tarefa de lidar com os riscos socialmente produzidos foi privatizada".[12]

Conforme Foucault,[13] o estado moderno clássico tinha a tarefa de estabelecimento da ordem e, para isso, coletivizou suas incumbências através da técnica da disciplina. Estabelecer a ordem era a tarefa de generalizar, classificar, definir e separar categorias. O desejo da sociedade perfeita do século XVIII tem sua origem nas técnicas de disciplina, que eram concebidas a partir da sociedade ideal da docilidade coletiva, obtida como decorrência do funcionamento harmônico de uma engrenagem cuidadosamente subordinada de uma máquina. A norma e o poder regulamentados obrigavam à homogeneidade, mas também permitiam medir o desvio. Tratava-se de um sistema de "igualdade formal", pois traduzia toda uma gradação das diferenças individuais.

Os mecanismos de poder dirigiam-se àqueles indivíduos considerados pelos valores sociais como anormais. Seu objetivo era identificá-los e modificá-los e, especialmente, controlá-los. A delinqüência constituía-se, assim, como a indisciplina às expectativas da sociedade disciplinar. A contra-ordem era gerada a partir do descontentamento, da deserção e da heresia que este próprio esforço provocava, corporificada na figura revolucionária, que tinha por objetivo estabelecer uma outra ordem.

Se agora o estado não mais se incumbe da tarefa de reprodução da ordem sistêmica, deixando esta tarefa para as forças desregulamentadas

---

[11] CASTEL, Robert. As armadilhas da exclusão. In: WANDERLEY, Mariângela; BÒGUS, Lúcia; YAZBEK, Maria Carmelita. *Desigualdade e a Questão Social*, p. 33.

[12] BAUMAN, Zigmunt. *O mal-estar da pós-modernidade*, p. 52.

[13] FOUCAULT, Michael. *Vigiar e Punir – História de Violência nas Prisões*, p. 125-227.

do mercado, o centro de gravidade do processo de estabelecimento da ordem deslocou-se das atividades legisladoras, generalizadoras, classificadoras. A responsabilidade pela situação humana foi privatizada, e seus instrumentos e métodos foram desregulamentados. Portanto, as tarefas, antes coletivas, perderam espaço para a necessidade de esforço individual.

Trata-se das regras atuais, conforme Castel,[14] que apresentam traços comuns com os modelos historicamente reconhecidos de exclusão. Impõem regras, mobilizam aparelhos especializados da sociedade e se completam por meio de rituais. Seja definitiva ou provisória, segundo o autor, a exclusão é o desfecho de procedimentos oficiais que se justificam e passam a ser legitimados e reconhecidos.

Portanto, trata-se de uma sociedade centrada no consumo, e não na produção, e, ao contrário do processo produtivo, a atividade de consumir é meramente individual.[15] No entanto, também o consumo coloca os indivíduos em campos opostos, como conseqüência da atuação dos poderes de sedução do mercado consumidor. Em uma nova ordem, são utilizados outros métodos para seu próprio funcionamento e perpetuação uniforme.

Também é diferente o método adotado por aqueles que são descontentes. Para atingir os padrões que a sociedade consumidora promove, há que se tentar buscar os fins diretamente, mesmo que sem primeiro aparelhar-se com os meios, que seriam os produtivos. O padrão estabelecido de consumo é o fim a ser alcançado, como uma tarefa individual, para a qual não existem regras específicas regulamentadas. Assim, os fins justificam os meios e amplia-se o espaço para a criminalidade crescente.

Portanto, a criminalidade não é um produto de mau funcionamento, muito menos de fatores externos à própria sociedade: é o próprio produto inevitável da sociedade de consumidores. Quanto mais elevada a busca do consumidor, mais eficaz será a sedução do mercado e mais segura e próspera será a sociedade de consumidores. Todavia será maior o hiato entre os que desejam e os que podem satisfazer seus desejos. "A sedução do mercado é, simultaneamente, a grande igualadora e a grande divisora".[16]

Nesse quadro, as regras do jogo de convivência também são ditadas pelo consumo. Não existem modelos, exceto apoderar-se cada vez de mais; não existem normas, a não ser de aproveitar-se das oportunidades disponíveis. Conforme Bauman,[17] existem "os jogadores", "os jogadores aspi-

---

[14] CASTEL, Robert. As armadilhas da exclusão. In: WANDERLEY, Mariângela; BÒGUS, Lúcia; YAZBEK, Maria Carmelita. *Desigualdade e a Questão Social*, p. 38-40.
[15] BAUMAN, Zigmunt. *O mal-estar da pós-modernidade*, p. 53-56.
[16] Idem, p. 55.
[17] Idem, p. 56.

rantes" e "os jogadores incapacitados", que não têm acesso à moeda legal. Estes devem lançar mão dos recursos para eles disponíveis, sejam legalmente reconhecidos ou não, ou optar por abandonar em definitivo o jogo, opção pessoal praticamente impossível frente à força sedutora do mercado.

É a opção que resta àqueles denominados por Castel[18] como "sobrantes", pessoas normais, mas inválidas pela conjuntura, a qual decorre das novas exigências da competitividade e da concorrência, da redução de oportunidades e de emprego, fatores que constituem a situação atual, na qual não há mais lugar para todos na sociedade.

O refugo do jogo, antes de explicação e responsabilidade coletiva, corporificada pelo estado de bem-estar, agora somente pode ser definido como o crime individual. "As classes perigosas são assim definidas como classes de criminosos. E, desse modo, as prisões agora, completa e verdadeiramente, fazem às vezes das definhantes instituições de bem-estar".[19]

Cada vez mais, ser pobre é encarado como um crime; empobrecer como produto de predisposições e intenções criminosas. Os pobres, ao invés de fazerem jus aos cuidados de assistência, merecem ódio e condenação. Comportamentos como o abuso de álcool, de jogos de azar, de drogas, assim como a vadiagem e a vagabundagem, dependendo de quem os pratica, são objeto de criminalização.

1.2. Violência e sociedade punitiva

Convivemos em uma sociedade onde a violência, em seu sentido mais abrangente, faz parte da vida cotidiana dos indivíduos, acontece em todos os segmentos sociais e está em todas as instituições como na família, no trabalho, na escola, nos poderes políticos, na própria justiça, na igreja, enfim, está implícita nas relações entre as pessoas e legitimada socialmente.

Por ser um fenômeno complexo, conforme refere Silva,[20] é necessário considerar que a violência possui diferentes acepções para grupos sociais diferentes, vivendo em sociedades diferentes, e mesmo para os que vivem no interior de uma mesma sociedade, compartilhando os códigos da mesma cultura. Estas múltiplas interpretações, segundo Guindani,[21] se agre-

---

[18] CASTEL, Robert. As armadilhas da exclusão. In: WANDERLEY, Mariângela; BÒGUS, Lúcia; YAZBEK, Maria Carmelita. *Desigualdade e a Questão Social*, p. 29.

[19] BAUMAN, Zigmunt. *O mal-estar da pós-modernidade*, p. 57.

[20] SILVA, Hélio R. S. A língua-geral da violência. In: GAUER, Gabriel e GAUER, Ruth. *A Fenomenologia da Violência*, p. 37-38.

[21] GUINDANI, Miriam. Violência e Prisão: um jogo de espelhos. In: *Filhos e vítimas do tempo da violência: a família, a criança e adolescente*, p. 125-131.

gam indissolúveis ao próprio problema, integrando a sua complexidade. Um comportamento considerado violento e repreensível por um grupo pode ser julgado necessário e legítimo por outro. As explicações sobre o real, ou as fantasias geradas a partir dele, agregam-se às explicações científicas e constituem o próprio fenômeno da violência.

A sociedade brasileira, a despeito de seu crescimento econômico das últimas décadas, continua caracterizada por uma grande disparidade social e pela pobreza da maior parte de sua população. Este fator, aliado à histórica ausência de estado social comprometido com as necessidades da população e, por outro lado, à tradição de estado autoritário, tem gerado crescimento da violência criminal. Assim, as mortes por causas violentas são as de maior incidência no país. A difusão das armas de fogo e o tráfico de drogas, que movimenta economicamente as periferias das grandes cidades e que mistura crime organizado e polícia, acabam por propagar o crime e o medo do crime nos espaços públicos.[22]

Muito embora a criminalidade seja socialmente desigual na sua distribuição, o crime e o medo do crime são hoje vividos como fatos da vida moderna, características do modo de vida dos nossos tempos. Vulgariza-se, portanto, a violência das relações sociais, naturaliza-se o crime e propaga-se, enquanto solução, o apelo à ampliação do sistema punitivo, ou mesmo da privatização das soluções através da autorização tácita da vingança privada.

Agrega-se ao conjunto de características já exposto a própria forma de atuação dos órgãos estatais de repressão, que se confundem com os protagonistas do crime organizado, seja pelo seu efetivo comprometimento com estes e pela corrupção na qual parte deles estão envolvidos, seja pelo despreparo operacional, que faz com que os métodos utilizados na repressão sejam identificados com a violência criminalizada.

Conforme Zaffaroni,[23] a idéia de crime organizado pode-se definir como crime de mercado, tráfico de coisas ilícitas ou serviços ilícitos. O crime organizado está sempre junto à corrupção, cuja principal fonte é a deteriorização dos serviços públicos, especificamente de segurança pública. Os governos, ao provocarem a deteriorização das polícias, permitem que façam sua própria arrecadação. As corporações vão ampliando seu poder de arrecadação (drogas, armas, tráfico de pessoas) e de corrupção; quebram-se, por conseguinte, a verticalidade e a hierarquia.

---

[22] SOARES, Luis Eduardo; RIBEIRO, Carlos Antônio Costa; SENTO SÉ, João Trajano; RODRIGUES, José Augusto de Souza; CARNEIRO, Leandro Piquet. Mapeamento da Criminalidade Letal. In: —— e colaboradores. *Violência e Política no Rio de Janeiro*, p. 217-242.

[23] ZAFFARONI, Eugenio Raul. Palestra proferida no "Congresso Ibero-americano de Direito Penal e Processual Penal".

Com a deteriorização das polícias, cria-se uma nova forma de controle social dos excluídos. Os criminalizados estão na mesma faixa social de suas maiores vítimas, os vitimizados, todos pertencentes ao extrato social mais vulnerável à vitimização. Também os policiais estão na mesma faixa social, submetidos a instituições com discurso moralizante para fora e corrupto para dentro. Portanto, a nova forma de controle dos excluídos está, segundo o autor, em acrescentar contradições entre eles, para que não dialoguem, matem-se entre si e não tenham protagonismo político.

Para Soares,[24] uma das conseqüências da violência na sociedade brasileira é a fusão que esta vem promovendo entre vítimas e agressores. Assim, as pessoas que se sentem atingidas pela violência vivem, no momento da agressão, ou da sensação de insegurança, fantasias de ódio, vingança e terror contra os eventuais agressores. Nivelados na reação de ódio e na disposição para uma outra violência possível, vítimas e agressores apenas se distinguem externamente.

Essa dinâmica, que constitui as relações violentas entre agressores, vítimas e autoridades, vem mostrando que as situações de extrema violência passam a ser tratadas como fatos rotineiros, cotidianos, com larga aceitação entre diferentes grupos da sociedade. Parece haver uma inclinação para reconhecê-los como se fossem meios "normais" de resolução de conflitos, seja nas relações entre os grupos sociais, seja nas relações intersubjetivas.

Segundo Garland,[25] se estas taxas de criminalidade são julgadas normais, não é apenas porque nos acostumamos com elas, mas porque são consideradas "dado sociológico", como um traço característico de todas as sociedades similares, em estado similar de desenvolvimento. De outra parte,

> "admitir o caráter normal da criminalidade e, por conseguinte, os limites dos órgãos de controle, põe em questão um dos mitos fundamentais da sociedade moderna: o estado, capaz e soberano, para garantir a ordem e reprimir o crime dentro de suas fronteiras".[26]

Para Gauer,[27] os tempos atuais assistem a um estado geral de apatia, de tranqüila aceitação, tanto entre aqueles que aplicam a violência quanto entre os que a sofrem. Segundo a autora, isto decorre de um estado geral de indiferença, no qual o bem e o mal, expostos ao olhar de todos sem

---

[24] SOARES, Luiz Eduardo. O inominável nosso medo. In: —— e colaboradores. *Violência e Política no Rio de Janeiro*, p. 59-63.
[25] GARLAND, David. *As contradições da sociedade punitiva. O caso Britânico*. p. 62.
[26] Idem, p. 63.
[27] GAUER, Ruth. *Alguns aspectos da Fenomenologia da Violência* in GAUER, Gabriel e GAUER, Ruth. *A Fenomenologia da Violência*, p 14-17.

intermediação, torna-se um simples dado do cotidiano. A lei, por sua vez, parece não ecoar na violência da sociedade contemporânea, parece estar diluída entre as formas de exercício do poder características da modernidade.

Por outro lado, propagam-se de forma massificada a punição e a repressão como solução para conter a forma de violência específica da criminalidade. Entende-se que para compreender o contexto contemporâneo e a propagação da concepção ideológica punitiva é preciso identificar que o sentimento de necessidade de segurança tem se constituído em uma aspiração da humanidade. De forma mais específica, cabe constatar que esta necessidade social ganha maior repercussão na medida em que as transformações do mundo contemporâneo são cada vez mais rápidas, desconstituem certezas e convicções e obrigam as sociedades ao aprendizado da convivência em meio ao caos social.

O sentimento de necessidade de segurança vulgariza-se ou perde sua legitimidade quando o pensamento social é conduzido para que a segurança seja uma aspiração com valor em si mesma, não como um instrumento para que o homem atinja seus objetivos fundamentais.

Nesse sentido, ganha espaço o discurso justificador do sistema penal ou mesmo do uso da violência, enquanto força estatal, como forma de garantir a segurança da população. Conforme refere Karan,[28] parte-se da idéia de que a criminalidade convencional define-se como violência, levando a população a naturalizar outras formas de violência institucionalizadas no interior da sociedade e produzindo-se um pânico tal que se faz crer que a única solução é efetivamente o encarceramento ou o sistema penal utilizado em grande escala.

Diz a autora:

"O aumento do espaço dado à divulgação de crimes acontecidos e sua dramatização, bem como a publicidade excessiva e concentrada em casos de maior crueldade, aproximam tais fatos das pessoas, que passam a vê-los como acontecendo com maior intensidade, maior do que a efetivamente existente na realidade".[29]

Wacquant,[30] de outra parte, refere que o sucesso do pânico moral em torno da criminalidade provém da cumplicidade estrutural entre o campo político, o midiático/jornalístico e as instituições penais. O combate ao crime é o grito de convergência de políticos de diferentes matizes, preocupados em tranqüilizar a classe média e branca, assustada com a insegu-

---

[28] KARAN, Maria Lúcia. *De Crimes, Penas e Fantasia*, p. 195.
[29] Idem, p.196.
[30] WACQUANT, Löic. *Crime e castigo nos Estados Unidos: de Nixon a Clinton*, p. 46.

rança das grandes cidades. De outra parte, a violência é o assunto predileto da mídia, espetáculo que conquista e mantém mercado a partir da fascinação mórbida da população. Agregam-se a estes dois segmentos, os interesses corporativos e econômicos das instituições penais dos diferentes países. Todos concordam em ver o crime controlado como uma prioridade nacional, tendo como resultado a tendência à multiplicação de leis repressivas e a perda de garantias individuais e sociais.

Portanto, o fantasma da criminalidade é criado para logo a seguir propor o sistema penal como alternativa. Esta é a base de pensamento social em que atua o "movimento de Lei e Ordem",[31] a partir da idéia de que o sistema penal é de fato a solução para o que poderíamos chamar de problemas sociais. Na concepção de seus propagadores, os crimes seriam "desvios" cometidos por todos aqueles irregulares em relação a este funcionamento social, que não cumprem o papel para eles previsto, devendo ser afastados.

Zaffaroni[32] afirma que se pode traçar um paralelo entre a apologia da segurança urbana em nossos dias e a ideologia de segurança nacional dos anos sessenta nos países da América Latina, período em que se temia a invasão estrangeira pelo comunismo. Hoje, as forças armadas perderam o poder, e este é reivindicado pela sociedade para as polícias, que são caóticas. O poder das cúpulas corruptas do poder policial vai aumentando, cabendo referir que, em alguns países da África, foram as polícias, e não as forças armadas, que fizeram os golpes de estado.

Parece que o caminho de ampliação da indústria da prisão é irreversível. Exemplos como o dos Estados Unidos, onde impera o domínio incondicional do mercado, demonstram que os anos de desregulamentação estiveram acompanhados do desmantelamento do estado de bem-estar e do aumento da criminalidade. Quanto maiores as conseqüências indesejáveis da sociedade consumista, mais cresce o desejo criminalizante da maioria, o qual se referenda na prática de políticos liberais, que se elegem prometendo ampliar os poderes da polícia.

Trata-se da ilusão ou crença na sociedade isenta de conflitos, na qual os criminosos são identificados como o mal que precisa ser combatido, intimidados através de uma política criminal ostensiva e intolerante, a exemplo do que propaga o programa implementado na cidade de Nova Iorque, intitulado "Tolerância Zero", voltado para a criminalização de

---

[31] O movimento "Lei e ordem" constitui uma linha de pensamento justificadora e propagadora do Direito Penal máximo, identificada com idéias do senso comum e, nas últimas décadas, hegemônicas no Brasil e em outros países.
[32] ZAFFARONI, Eugenio Raul. Palestra proferida no "Congresso Ibero-americano de Direito Penal e Processual Penal".

pequenos delitos, atuação policial junto a populações suspeitas, "limpeza social" etc.[33]

Conforme Wacquant,[34] a idéia que fundamenta este modelo de política criminal, que tem sua origem em Nova Iorque, mas que se espalha pelo mundo, é de que o caráter sagrado dos espaços públicos é indispensável à vida urbana e, de que, ao contrário, a desordem praticada pelas classes populares nestes espaços é o terreno fértil para o crime. As forças de ordem ganham, portanto, carta branca para perseguir agressivamente a pequena delinqüência, reprimindo todas as manifestações visíveis da pobreza, como os sem-teto e os mendigos. Sob o conceito de que "quem rouba um ovo, rouba um boi", luta-se contra os pequenos distúrbios cotidianos, buscando-se atingir as grandes patologias criminais.

Portanto, a partir da concepção maniqueísta de homem e de sociedade, a tarefa da política criminal é o combate aos inimigos sociais, através de uma cruzada moral, de massas, protagonizada pela mídia e pela opinião pública, contra a desordem e o caos social.

Mais uma vez cabe recorrer a Bauman,[35] que afirma que cada esquema de pureza gera sua própria sujeira e que cada ordem gera seus próprios estranhos. O estranho de hoje, segundo o autor, é tão resistente à fixação como o próprio espaço social. Porém, neste mundo pós-moderno, de estilos e padrões livres e concorrentes, há um teste de pureza que se espera que todos aqueles que desejam ser admitidos ultrapassem:

> "mostrar-se capaz de ser seduzido pela infinita possibilidade e constante renovação do mercado consumidor, de se regozijar com a sorte de vestir e despir identidades, de passar a vida na caça interminável de cada vez mais intensas sensações e cada vez mais inebriante experiência".[36]

Quem não consegue é a sujeira, o problema que precisa ser removido, são os consumidores falhos, as pessoas incapazes de ser "indivíduos livres", conforme o conceito de liberdade definido em função do poder de escolha do consumidor.

Os serviços de exclusão e eliminação do refugo do consumismo são, como tudo neste tempo desregulamentado, entregues ao mercado, cabendo aos centros comerciais e aos supermercados impedirem a entrada destas pessoas, às suas próprias custas, já que a vigilância é privada, possibilitando que os livres consumidores desfrutem de sua liberdade.

---

[33] SOUZA BATISTA, Vera Malaguti. *Intolerância Dez, ou propaganda é a alma do negócio*. In: Discursos Sediciosos, ano 2, nº 4, p. 1-2.
[34] WACQUANT, Loïc. *As prisões da miséria*, p. 25.
[35] BAUMAN, Zigmunt. *O mal-estar da pós-modernidade*, p. 11-26.
[36] Idem, p. 23.

Portanto, o inimigo, objeto da política criminal, é esta categoria de pessoas supérfluas, sem participação, função ou papel. O inimigo é o não-cidadão da sociedade do consumo. Higienizar a sociedade significa banir dela todos estes estranhos, esta escória que soçobra em todo o lugar, que abunda, que verte impregnando a todos com sua sujeira, negando a ordem que tanto custa para ser mantida.

Em síntese, o Direito Penal, assim considerado, tem a promessa e a solução para a violência e a criminalidade: a prisão e a pena. Para justificar tal promessa, identifica a criminalidade como atributo de uma minoria qualificada como bandidos ou marginais. A violência criminal é identificada como individual, de uma minoria. A idéia da pena como solução para a violência acaba por sustentar um modelo de combate, de guerra contra a criminalidade, vendo o criminoso como inimigo a ser combatido com segregação.

Em função disso, é que os gastos com a chamada segurança pública (onde podem ser incluídos o gastos com o sistema prisional) tornam-se uma necessidade justificada socialmente. Antes de oferecer-se políticas sociais, gasta-se com aparatos repressivos, não porque sejam mais caros ou mais baratos, mas porque são mais eficazes do ponto de vista higienista. A culpabilização individual faz com que não reste outra alternativa senão a de terminar com aqueles que provam ser incapazes de pertencer à sociedade de consumo.

A prisão é, portanto, a escola e o refúgio dos excluídos do consumo: negros, imigrantes, moradores de bairros estigmatizados. Quer nos Estados Unidos, quer na Europa ou na América Latina, encontramos o mesmo perfil no apenado. A prisão é mais um mecanismo de perpetuação da discriminação étnica: circunscreve guetos, mantendo-os em relativa estabilidade. Além disso, consolida o estigma, demonstrando que a criminalidade anda junto com a pobreza, com o baixo nível de escolaridade, com a baixa ou nenhuma renda e com as etnias não-brancas. Busca-se demonstrar que essas são as causas etiológicas da criminalidade e não parte de uma mesma lógica criminalizadora, que descarta pessoas, tira-lhes a possibilidade de serem sujeitos e pulveriza responsabilidades.

1.3. Adolescência e a sociedade punitiva

De forma mais específica, a violência praticada por jovens é um tema cada vez mais presente e assustador na vida cotidiana e nos meios de comunicação em vários países do mundo. No Brasil, o grave momento de crise social alimenta ainda mais o temor que a população vivencia em meio a muitas formas de violência, especialmente nos centros urbanos. Nesse contexto, o alarme do crescimento do número de infrações da população juvenil e a propagação midiática deste tipo de violência geram solicitações de medidas repressivas por parte da população, que se materializam nos vários projetos de lei e de emendas à Constituição que tramitam no Congresso Nacional, buscando a redução da idade de imputabilidade penal.

Conforme Volpi,[37] existe em relação à adolescência em conflito com a lei, na sociedade brasileira, um tríplice mito, o qual serve como justificativa para aqueles que apontam este grupo populacional como gerador dos problemas em relação à segurança pública.

O tríplice mito é composto, então, pelo hiperdimensionamento do problema, pela periculosidade do adolescente e pela impunidade. Os dois primeiros fatores componentes do mito decorrem da manipulação dos dados oficiais, cotidianamente feita pelos meios de comunicação. A idéia que costuma ser repassada à opinião pública é de que cada vez tem um numero maior de infrações cometidas por adolescentes, que tais crimes são em maior volume que os cometidos por adultos e que estes atos infracionais são revestidos de grande violência.

Em contraponto a estas afirmativas, o autor analisa os dados do Censo Penitenciário Brasileiro, realizado pelo Ministério da Justiça,[38] o qual aponta que, em 1994, havia no Brasil oitenta e oito presos adultos para cada cem mil habitantes, enquanto havia, no mesmo período, três adolescentes internados, cumprindo medida socioeducativa, para cada grupo de cem mil habitantes. Prossegue afirmando que três anos depois, em 1997, embora tenha havido o crescimento da população carcerária nacional, a proporção entre adultos e adolescentes manteve-se inalterada, autorizando-se afirmar que o alarme propagado sobre a delinqüência juvenil não encontra respaldo em dados oficiais.

Da mesma forma, discorre o autor a respeito da equivocada idéia da periculosidade juvenil. Conforme os levantamentos estatísticos realizados no país, o percentual de infrações praticadas por adolescentes perfaz menos de dez por cento dos crimes praticados por adultos. E, ainda, no universo de delitos cometidos por adolescentes, apenas dezenove por cento são considerados delitos graves, como homicídios, latrocínios ou estupros, ou seja, menos de dois por cento do total de delitos cometidos.

No mesmo sentido, aborda Wacquant[39] ao referir-se à realidade americana. Diz o autor que os relatórios parlamentares que solicitam a redução da idade de imputabilidade penal nos Estados Unidos também são baseados em impressões. Não existe, segundo o autor, fonte estatística que

---

[37] VOLPI, Mário. *Sem Liberdades, Sem Direitos*, p. 15-16.
[38] Idem, p. 15.
[39] WACQUANT, Loïc. *As prisões da miséria*, p. 69.

permita estimar o rejuvenescimento da delinqüência ou sua maior precocidade, sendo que as estatísticas existentes não confirmam a hipótese do surgimento na sociedade americana de uma delinqüência específica, própria dos menores de idade.

Já a idéia de impunidade está associada à interpretação, dominante junto ao senso comum, de que a Lei destinada aos adolescentes, no caso o Estatuto da Criança e do Adolescente, não cumpre a função suficiente de punição. Este tema será abordado em profundidade nos próximos capítulos deste trabalho, mas, em linhas gerais, pode-se afirmar que a população desconhece o sistema penal juvenil contido no Estatuto, acabando por constituir a idéia equivocada de que esta Lei é branda e protetiva da impunidade.

É certo que se vivem momentos de intranqüilidade na sociedade brasileira, mas associar a violência criminal em geral à figura dos adolescentes não encontra respaldo na realidade. O fato é que os jovens das periferias das grandes cidades têm tido protagonismo na reprodução da violência e da criminalidade, mas também têm se constituído em suas maiores vítimas. Dados estatais sobre criminalidade apontam que se vem reproduzindo um verdadeiro "genocídio social", onde as maiores vítimas são jovens pobres, mais especificamente, do sexo masculino, na faixa etária de dezesseis a dezoito anos.[40]

Assis[41] refere que as causas desse nível de violência são divididas entre os níveis estrutural, sociopsicológico e individual. Apenas analisando os três de forma integrada é possível conhecer de forma mais aprofundada a violência praticada por jovens.

Enquanto nível estrutural, a autora identifica as circunstâncias sociais da vida dos jovens que vêm a cometer atos infracionais: a desigualdade social e de oportunidades, a falta de expectativas sociais, a desestruturação das instituições públicas e as facilidades oriundas do crime organizado. Todas essas causas não podem ser encaradas de forma determinista, não considerando a participação ativa dos sujeitos envolvidos e suas vontades. No entanto, esses fatores contribuem para a ocorrência de delinqüência e estão relacionados à observação da maior ou menor incidência de violência em grupos sociais, que vivem em determinadas circunstâncias sociais.

O segundo nível, considerado por Assis, é o nível sociopsicológico. Este conceito sofre influência das teorias que entendem que a delinqüência juvenil está relacionada com o grau de controle que as instituições, com

---

[40] SOARES, Luiz Eduardo; MILITO, Cláudia; SILVA, Hélio R. S. Homicídios dolosos praticados contra crianças e adolescentes do Rio de Janeiro. In: —— e colaboradores. *Violência e Política no Rio de Janeiro*, p. 190-192.
[41] ASSIS, Simone Gonçalves de. *Traçando caminhos em uma sociedade violenta*, p. 22-24.

as quais o jovem tem vínculo, exercem sobre ele como a família, a escola, a igreja, as instituições responsáveis pela segurança pública e, de outra parte, o grupo de amigos.

Nessa perspectiva, para compreender a atitude de cada sujeito, não basta observar o conjunto de normas em que foi socializado, mas sim sua perspectiva a partir da interpretação das normas. Para identificar a atuação social, esta deve ser vista desde a perspectiva do ator.

Conforme Larrauri,[42] esta interpretação alia-se à teoria do *labelling approach*, segundo a qual as ações do cotidiano são, portanto, decorrentes da necessidade do sujeito em manejar as situações em que se vê inserido. Assim, mesmo nas sociedades atuais, onde há uma grande quantidade de símbolos e normas, a unidade de ação dos indivíduos são os outros indivíduos. Decorre desse entendimento, portanto, a necessidade de compreender em que condições atuam os indivíduos.

A partir dessa perspectiva, importa compreender que o desvio existe em resposta, interacionista, ao controle social. Portanto, em vez de estudar o jovem delinqüente e seu comportamento, foca-se o estudo nos órgãos de controle social, que têm por função reprimir a desviação, mas que acabam por produzi-la em grau secundário.

O terceiro nível explicativo abordado por Assis[43] é, portanto, o nível individual, o qual decorre de teorias que compreendem a desviação juvenil como decorrente de mecanismos internos do indivíduo como fatores biológicos hereditários e características de personalidade, a qual se forma na interação com o meio.

Segundo essa concepção, portanto, são atributos freqüentemente relacionados aos jovens que cometem atos infracionais: a impulsividade, a inabilidade em lidar com o outro, a dificuldade de aprender com a própria experiência, a insensibilidade à dor dos outros e a ausência de culpa, fatores que compõem diagnósticos de transtornos mentais e desvios de personalidade, transitórios ou não na adolescência.

Para Assis,[44] portanto, somente um modelo teórico que congregue os três níveis explicativos é capaz de gerar um conhecimento mais profundo e real sobre a violência praticada por jovens. As referidas causas somente adquirem sentido na rede de influência que atua sobre cada situação e cada indivíduo de uma forma única, levando ainda em consideração sua vontade individual de assumir determinado comportamento ou as circunstâncias fortuitas em que esteve envolvido.

---

[42] LARRAURI, Elena. *La Herencia de la criminogía crítica*, p. 25-35.
[43] ASSIS, Simone Gonçalves de. *Traçando caminhos em uma sociedade violenta*, p. 22-24.
[44] Idem, p. 25.

Trata-se de uma dinâmica social complexa, que, segundo Silva, como toda forma de violência, só se torna inteligível quando as explicações para entendê-la e as propostas para resolvê-la não são isoladas analiticamente, mas integradas ao próprio objeto constituído.

"É exatamente no interior contraditório de suas multiplicidades interpretativas que o complexo se esclarece em suas propriedades multifacetadas e permite identificar as múltiplas causas que o condicionam".[45]

Para que se compreenda tal dinâmica, é preciso conjugar alguns fatores que fazem parte do modo de vida da população infanto-juvenil nas grandes metrópoles brasileiras, neste início de século:[46]

a) Família, escola e comunidade que não exercem papel protetivo: pode-se observar que a maior parte das famílias de classes populares, que vivem nas grandes cidades brasileiras, são numerosas, chefiadas em sua maioria por mulheres e vivendo sob uma condição de estresse permanente, o que as torna deficientes na promoção de garantias e de proteção. Assis,[47] por exemplo, confirmou em seu estudo sobre jovens infratores no Rio de Janeiro que os padrões familiares estão em plena modificação e que sessenta por cento da amostra de jovens estudada vivia em famílias chefiadas exclusivamente por mulheres, que as mães em sua maioria trabalham fora, e que as crianças costumam ficar sob os cuidados de outros membros da comunidade ou de irmãos maiores. A questão central no contexto de vida dessas famílias está no desafio cotidiano de sobrevivência, onde as circunstâncias possibilitam a busca por alternativas não consideradas saudáveis para o desenvolvimento infanto-juvenil, como a exploração do trabalho infantil, a exploração sexual comercial e os subempregos. Nesse quadro, os vínculos familiares sempre existem, porém podem tornar-se pouco sólidos, dependendo do grau de violência vivenciado dentro de casa. Os referenciais de figuras de autoridade nem sempre são positivos, o que possibilita a reprodução das relações intrafamiliares em outros contextos.

b) Falta de perspectiva de integração social plena, ou de constituição de um projeto de vida em que haja sentimento de pertencimento:[48] não pertencer é não se sentir parte das instituições ou não ter sua identidade

---

[45] SILVA, Hélio R. S. A língua-geral da violência. In GAUER, Gabriel e GAUER, Ruth. *A Fenomenologia da Violência*, p. 38.

[46] Nesse sentido, abordam em suas obras autores como SOARES, Luis Eduardo e ASSIS, Simone Gonçalves e BATISTA, Vera Malaguti.

[47] ASSIS, Simone Gonçalves de. Idem, p. 41-44.

[48] SOARES, Luiz Eduardo. *O Drama da Invisibilidade (E a violência como estratégia – paradoxalmente autodestrutiva – de sobrevivência psicológica)*. Texto não publicado, cedido pelo autor.

relacionada à história destas. Sob outra ótica, é possível afirmar que as crianças e, especialmente os adolescentes, formam sua identidade a partir de como a comunidade os vê. Constituem seus valores pessoais a partir daquilo que é valorizado em seu contexto social. Aprendem a conviver coletivamente quando se sentem parte do coletivo, aceitos e pertencentes. É como se a sociedade e suas instituições fossem "espelhos", onde é refletida a imagem dos jovens, a qual constitui elemento essencial na formação de sua identidade, ao mesmo tempo que o resultado deste reflexo é a própria expressão da identidade social, ou seja, aquilo que se espera dos jovens.

Baratta[49] analisa este tema comparando a formação da criminalidade ao sistema escolar. Conforme o autor, como no caso da discriminação do sistema escolar, na sociedade em geral observa-se um processo de construção social da população delinqüente, através de mecanismos formais e institucionais, mas também por meio de processos de reação que intervêm no nível informal, como o isolamento social entre a população criminosa e o resto da sociedade. O autor afirma que, tratando-se do sistema escolar e do sistema penal, existe um nexo causal entre os dois: forma-se o mecanismo global de reprodução das relações sociais e de marginalização, que é ultrapassado por filtros sucessivos que transmitem a população excluída de um para o outro sistema. Aborda estudos sobre a criminalidade juvenil, dizendo que neste caso a aplicação de sanções formais ou informais para atos desviantes têm, mais uma vez, dependência com a estratificação social. A cada sucessiva recomendação dos menores de estratos sociais mais baixos à instituições de assistência e controle, corresponde um aumento nas possibilidades de serem selecionados para carreiras criminosas.

c) Estado ausente: autores como Zaluar[50] têm abordado sobre ausência, da presença insuficiente, ou da presença clientelista do Estado nas periferias das grandes cidades como causas para a proliferação de formas de estado paralelo, que acabam por controlar a vida das pessoas, seja pela adesão às alternativas de trabalho propostas pelas organizações criminais, pela proteção que tais organizações oferecem, ou, ainda, pelo silêncio que é imposto como meio de sobrevivência. Diz a autora:

> "Ao contrário da polícia, entretanto, o bandido, além de garantir a inviolabilidade de sua área, pode ser reconhecido como o defensor do trabalhador nos casos em que ofensas pessoais sofridas por este precisem ser vingadas. Diante da inevitável humilhação e da ausência de

---

[49] BARATTA, Alessandro. *Criminologia Crítica e Crítica do Direito Penal*, p. 181-182.
[50] ZALUAR, Alba. *A máquina e a revolta. As organizações populares e o significado da pobreza*.

proteção policial ou jurídica, o bandido transforma-se no vingador de seu povo".[51]

d) Oferta do mundo do tráfico como fonte de renda imediata: levando-se em consideração as modificações no mundo do trabalho, os altos índices de desemprego, a baixa escolaridade, as alternativas de sobrevivência dos jovens das classes populares, muitas vezes, passam pela adesão ao mundo do tráfico. Fonte de renda imediata, que permite um padrão de consumo jamais acessado através do mundo do trabalho formal ou informal, a adesão à criminalidade não é uma atitude determinada aos jovens da periferia, até porque tem seu preço também de insegurança e baixa perspectiva. No entanto, comparada às outras alternativas econômicas acessíveis, torna-se uma possibilidade.

e) Uso de drogas, tráfico e acesso a armas de fogo: o tráfico não se restringe ao transporte e venda de drogas, seja dentro dos bairros da periferia ou nos locais de moradia e diversão da população mais abastada socialmente. O mundo das drogas relaciona, em primeiro lugar, o consumo com a atividade econômica do tráfico. Logo a seguir, a necessidade de obtenção das drogas para consumo, ou para ampliar o acesso a outros bens, faz com que os jovens envolvam-se em outras atividades ilícitas, as quais também vão evoluindo em gravidade na medida em que evolui seu envolvimento com a droga. Observa-se que a maioria dos atos infracionais de natureza grave, que envolvem o porte ou o uso de armas, está também relacionada ao tráfico de drogas, o que permite concluir que se tratam de trajetórias onde se correlacionam o uso de drogas, o tráfico, enquanto atividade econômica, o acesso a armas ilegais e a prática de atos infracionais violentos.

f) *Status*, auto-estima e virilidade ofertada pelo mundo do tráfico, portanto, vantagens simbólicas não encontradas facilmente em outros espaços sociais: Soares[52] costuma afirmar que existem ganhos simbólicos maiores com a inserção no mundo do tráfico do que a atividade econômica para a sobrevivência. Na escalada da violência, os jovens da periferia têm a possibilidade de ganhos subjetivos, que não são possíveis de outro modo na vida da sociedade contemporânea. Contraditoriamente, a visibilidade possibilitada pelos meios de comunicação à violência acaba por tornar visíveis e fortalecidos em sua individualidade rostos que não são assim identificados de outra forma. A força adquirida pelo porte de armas, o poder acessado por dentro da hierarquia do tráfico, o medo provocado nas pessoas acabam por fortalecer a auto-estima e a visibilidade destes jovens,

---

[51] ZALUAR, Alba, idem, p. 141.
[52] SOARES, Luis Eduardo. *O Drama da Invisibilidade (E a violência como estratégia – paradoxalmente autodestrutiva – de sobrevivência psicológica)*. Texto não publicado, cedido pelo autor.

constituindo-se em ganhos incomparáveis a outras alternativas de sobrevivência ou aos ofertados pelas parcas possibilidades de projetos de vida fora da criminalidade.

g) Cultura da violência costumeira e institucionalizada: a violência faz parte do cotidiano, se expressa em todo o contexto social, enquanto linguagem e forma de relacionar-se com o mundo. As crianças crescem e são socializadas nessa cultura de violência que atinge a todos, embora de diferente formas, independente da posição social a que pertençam. Crescer na sociedade contemporânea é aprender a sobreviver em meio à violência, portanto, aprende-se a praticá-la de forma natural, seja nas relações mais íntimas no núcleo familiar, seja nos círculos de socialização mais amplos.

Diante desse contexto, que por si só assusta e ameaça a todos, mas especialmente afeta os jovens envolvidos, e do sentimento de pânico social em torno da ameaça permanente da violência, as atitudes propostas pelos movimentos repressivos e, muitas vezes pelos políticos, são em torno da ampliação da política criminal, criminalizando condutas, propondo atuação ostensiva da polícia na identificação da criminalidade e finalmente na atuação máxima do sistema penal.

No caso específico da juventude, propõe-se a redução da idade de imputabilidade penal como solução mágica para todos os problemas e conflitos sociais, relativizando a tarefa estatal de garantia a direitos individuais.

Parece evidente que o desafio da sociedade brasileira está em ampliar suas políticas públicas de caráter social, garantindo a todas as suas crianças e adolescentes o conjunto de direitos previsto na Constituição Federal e no Estatuto da Criança e do Adolescente. Um estado social forte, em proporções que nunca chegaram a fazer parte de nossa realidade, teria possibilidade de reverter a trajetória de violência em que se vê inserida nossa juventude.

O desafio está em vislumbrar como em uma sociedade com tantas contradições insuperáveis, contrastes e exclusões, é possível criar referenciais positivos para a constituição da identidade dos jovens, às vezes invisíveis nas periferias de nossas cidades. Estar incluído, pertencer e planejar o próprio futuro depende de uma mudança de atitude social no sentido de acolhimento.

Em vez disso, a sociedade punitiva amplia-se aqui, como em outros países, seguindo especialmente o modelo americano. Sua influência atinge todos os campos sociais, em especial, as decisões judiciais.

Para Wacquant a opção está em que tipo de sociedade o Brasil pretende construir no futuro:

"o que está em jogo na escolha entre a edificação, por mais lenta e difícil que seja, de um Estado social, e a escalada sem freios nem limites, uma vez que se auto-alimentam, da réplica penal é, simplesmente, a possibilidade (...) de uma sociedade aberta e ecumênica, animada por um espírito de igualdade e concórdia, ou um arquipélago de ilhotas de opulência e de privilégios perdidas em um oceano frio de miséria, medo e desprezo pelo outro".[53]

Diante desse contexto sociocultural, insere-se a temática específica proposta por este livro. Trata-se da influência da cultura punitiva nas decisões judiciais que determinam a aplicação da medida socioeducativa de internação. Como veremos mais adiante, um dos fatores de maior geração de violência é a possibilidade de discricionariedade, tanto judicial como administrativa. Assim sendo, o espaço de poder, constituído pela possibilidade de aplicação das normas segundo seus próprios valores, está afeto à influência do apelo social punitivo.

No "espaço da discricionariedade", pela ausência de normas ou pela sua relativização em nome da "intenção de fazer o bem", direitos e garantias são violados, fazendo com que o Estado de Direito cada vez se torne uma maior abstração na vida dos jovens que estão privados de sua liberdade. Nesse contexto, a Lei ainda é um instrumento a ser utilizado pelos operadores jurídicos, no sentido de limitar o poder punitivo.

---

[53] WACQUANT, Loïc. *As prisões da miséria*, p. 13.

Capítulo II

Histórico da legislação penal da infância e adolescência no Brasil e na América Latina

Compreender a realidade a partir de seu contexto Histórico, para além de crer na possibilidade de reprodução de fatos característicos de épocas passadas, tem a possibilidade de permitir questionar conceitos atuais, vistos em nossos dias como naturais, mas que nem sempre tiveram o mesmo significado. Da mesma forma que a observação de diferentes culturas possibilita a relativização de valores em que se está inserido, a perspectiva histórica permite relativizar crenças e dogmas.

Nesse sentido, os conceitos de infância e de adolescência ou de Direito Penal Juvenil, naturais na linguagem e cultura das sociedades ocidentais contemporâneas, nem sempre foram compreendidos com o significado que lhes é atribuído a partir da era da modernidade. A categoria infância, tal como a compreendemos hoje, portanto, em uma abordagem não ontológica, tem uma construção histórica que desenvolveu trajetória semelhante à construção do indivíduo, como o compreendemos na sociedade moderna.

A abordagem do tema por vários doutrinadores remete a obra de Ariès,[54] considerada clássica, através da qual o autor expressou sua tese sobre a construção da categoria infância, afirmando que antes e durante a idade média a infância não existia tal como a concebemos, ou seja, as crianças não eram percebidas pela consciência social como seres diferenciados do mundo dos adultos. Observando a forma como as crianças passam a aparecer retratadas em obras de arte, o autor afirma que somente a partir do século XVII as crianças seriam descobertas, sendo retratadas não em caráter simbólico e religioso, mas como crianças reais, agora em atitudes infantis, como brincando ou no colo, e não em atividades típicas do mundo dos adultos.

---

[54] ARIÈS, Philippe. *História Social da Criança e da Família*, p. 50-69.

Esta compreensão não se refere à inexistência de dependência biológica das crianças em relação aos adultos, ou à falta de amor dos pais por seus filhos, mas à não-abordagem social da infância como uma etapa de desenvolvimento que necessitasse de compreensão específica, ou "ausência de consciência da particularidade infantil",[55] como se a falta de maturidade não permitisse que os seres infantis fossem tratados como categoria autônoma desde as sociedades antigas até o fim do período medieval.

A concepção histórica de infância, portanto, tem relação direta com a construção social da categoria indivíduo. Dessa forma, a contribuição de Dumont[56] é indispensável para compreender a origem do conceito de indivíduo tal como o conhecemos na sociedade moderna, origem que, em uma concepção filosófica e antropológica, tem diferentes interpretações, dependendo dos conceitos e dos autores adotados. Para Dumont, o indivíduo, enquanto valor social, tem sua gênese nos primórdios judaico-cristãos, na relação do homem com Deus, fora do mundo, tal como o renunciante da sociedade indiana. A partir deste referencial, que remonta basicamente toda a História da era cristã, o autor faz sua interpretação acerca da evolução histórica do conceito, comparando as diferentes sociedades que se constituíram na humanidade ocidental. Chega finalmente na sociedade moderna,[57] a qual tem como característica central o individualismo, enquanto pano de fundo dos valores de liberdade e igualdade, pressupostos do pacto social.

Retomando-se o olhar de Ariès sobre a forma como apareciam as crianças nas obras de arte, vê-se que de uma aparição em meio ao mundo dos adultos, anterior ao século XVII, passaram, no início da modernidade, a ocupar um papel central. Esta centralidade está relacionada com a conceituação de necessidade de proteção, como forma de constituição do indivíduo adulto. Proteger as crianças significou declarar sua incapacidade frente à sociedade de indivíduos que se constituía.

O aparecimento da infância, enquanto categoria, gerou a necessidade de seu controle, de seu adestramento ou de sua socialização. Assim, duas instituições adquiriram papel central na sociedade do início da modernidade, dedicando-se ao mundo infantil na perspectiva de preparação dos indivíduos para o mundo adulto: a família e a escola.

Neste ponto, cabe traçar um paralelo com o pensamento de Foucault[58] a respeito da modernidade e o papel exercido pela técnica da disciplina no seu surgimento. O autor analisou a sociedade moderna e entendeu que a

---

[55] ARIÈS, Philippe. *História Social da Criança e da Família*, p. 156.
[56] DUMONT, Louis. *O individualismo*, p. 35-71.
[57] Idem, p. 86-96.
[58] FOUCAULT, Michael. *Vigiar e Punir – História de Violência nas Prisões*, p. 125-152.

sua forma característica de poder era a disciplina, exercida de forma capilarizada, através das várias instituições: modernidade que tinha como elementos constituintes o Estado de Direito, a industrialização e o surgimento da epistemologia das ciências do homem, mas que tinha a disciplina como técnica de controle e manutenção. De outra parte, é também através de técnicas de disciplina, como a visibilidade e o exame, que se constituiu a figura do indivíduo tal como o conhecemos.

As disciplinas deste momento histórico constituem uma "anatomia política", que é igualmente uma "mecânica do poder".[59] O momento da disciplina estendeu-se para a sociedade em geral, estando a serviço de sua formação e de sua manutenção e no bojo do nascimento do homem moderno. É encontrado em funcionamento nos colégios, nas escolas primárias, nos espaços hospitalares, na organização militar e no sistema prisional.

O saber e o bom comportamento são valores que toda a comunidade busca rumo à salvação, que diferenciam os indivíduos conforme seu grau de evolução. Portanto, paralela ao surgimento da categoria infância e das instituições da modernidade responsáveis pelo seu adestramento, surgiu também a forma de classificação das infâncias, entre aquelas incluídas no espaço escolar e familiar, adestráveis por estas instituições, e as outras, não facilmente socializáveis, mais difíceis, com maior necessidade de visibilidade.

Nem todos os integrantes da categoria infância têm acesso à instituição escola, e, por motivos diversos, parte dos que nela são incorporados acabam evadindo-se ou sendo expulsos. A diferença sociocultural que se estabeleceu entre aqueles incluídos e os excluídos da escola fez surgir, junto à categoria infância, a paralela categoria de "menor", destinada a designar as crianças abandonadas e delinqüentes, a quem outras instituições deveriam exercer o papel de condicionamento e disciplina.

Na sociedade da disciplina nasceu o indivíduo, que, segundo Foucault,[60] foi adquirindo mais visibilidade quanto maior fosse sua diferença em relação à homogeneidade, com o objetivo de torná-lo igual. Assim, passaram a ter mais visibilidade as crianças, os loucos, os doentes, os delinqüentes, os "menores". Conforme Mendez,[61] a origem da justificativa de controle social sobre as crianças e os jovens está na construção diferenciada das categorias "criança" e "menor", em ambos os casos objeto de incapacidade e de imposição de proteção.

---

[59] FOUCAULT, Michael. *Vigiar e Punir – História de Violência nas Prisões*, p. 153-172.
[60] Idem, p. 163-170.
[61] MENDEZ, Emílio García. *Infância e Cidadania na América Latina*, p. 197-202.

A modernidade nasceu afirmando conceitos como de cidadania, pacto social, estado, sociedade e indivíduo. No entanto, a igualdade, a liberdade e a fraternidade, conceitos defendidos a partir da Revolução Francesa em 1789, configuraram-se, mesmo enquanto promessa, em condição de cidadania para apenas uma parcela de homens, sendo os demais considerados incapazes para o seu exercício. O pacto de igualdade revelou-se formal; a promessa de liberdade acabou por apreender os indivíduos em sua obrigação com o projeto individual e social; e a fraternidade inviabilizou-se na contradição com o culto à individualidade.

O fato é que, ainda que fosse ilusório, o conceito da cidadania propagado, ou sua extensão de garantia de direitos frente aos mecanismos formais de controle social, não atingiu a infância em seu nascedouro. Conforme Mendez,[62] a Revolução Francesa só chegou à infância bem mais tarde, quando, no final do século XX, em 1989, foi aprovada a Convenção Internacional dos Direitos da Criança, o que será abordado logo a seguir.

A recente existência para o mundo adulto, acrescida da declaração de incapacidade, constituíram as bases do pensamento social que permitiu a passagem do tratamento penal indiscriminado vigente até o final do século XIX, igual ao de adultos, para o tratamento por órgãos de controle especiais e leis especiais, as quais não se comunicavam com os princípios gerais de Direito Penal, enquanto arcabouço jurídico limitador da disposição punitiva do estado.

A História da responsabilidade penal juvenil na América Latina, segundo Mendez,[63] caracteriza-se por três fases distintas. A primeira define-se pelo caráter penal indiferenciado, de corte claramente retribucionista, vigente até os anos iniciais do século XX. Nesse período não havia qualquer diferença de tratamento etário, a não ser para os menores de sete ou nove anos, estes considerados absolutamente incapazes, sendo que os demais tinham o privilégio, em geral, de ter sua pena reduzida em um terço em relação aos adultos, porém sendo cumprida em estabelecimentos conjuntos.

Em realidade, conforme declara o autor,[64] observando-se as disposições jurídicas que levavam em consideração a idade para imposição de sanções penais, antes da metade do século XIX, pode-se dizer que pertencem à "Pré-história" do Direito Penal Juvenil, sendo que muito pouco se sabe desse período, em razão da inexistência de investigações específicas. Sabe-se que em alguns países utilizava-se o "critério do discernimento"

---

[62] MENDEZ, Emílio García. *Infância e Cidadania na América Latina*, p. 194-202.
[63] MENDEZ, Emílio García. *Adolescentes e Responsabilidade Penal: um debate latino-americano*, p. 7-10.
[64] MENDEZ, Emílio García. *Infância e Cidadania na América Latina*, p. 99-100.

para determinar a responsabilização ou não de crianças pelo cometimento de infrações, restando a decisão de enquadramento na "idade da razão" aos juízes ordinários, sendo, neste caso, aplicada a sanção penal comum, a qual seria cumprida em estabelecimentos destinados a adultos.

A segunda etapa referida pelo autor[65] inaugura a especialização do Direito de menores e data do período da passagem do século XIX para o século XX.

Como conseqüência do desenvolvimento do capitalismo ascendente e do empobrecimento massivo das classes populares, surgiu, conforme Morales,[66] o fenômeno das crianças pobres como problema público, sobre as quais era necessário instituir uma nova forma de controle social. Paralelo a isto, alguns setores da sociedade expressavam profunda indignação diante da promiscuidade do alojamento conjunto de maiores e menores nas mesmas instituições prisionais, o que era acrescido ao descontentamento pela ausência de legislação específica. Nesse contexto, na Europa e na América do Norte, com reflexos na América Latina, surgiu o "movimento dos reformadores", o qual não tinha características populares, mas era constituído por pessoas da alta sociedade.

Nesse período, o fato marcante na diferença de tratamento e nas práticas sociopenais foi a criação do 1º Tribunal de Menores de Illinois, Estados Unidos, em 1899, fato que foi seguido da criação de Tribunais de Menores em vários outros países como Inglaterra (1905), Alemanha (1908), Portugal e Hungria (1909), França (1912), Japão (1922) e Espanha (1924), sendo uma conseqüência natural sua reprodução na América Latina, ou seja, na Argentina (1921), no Brasil (1923), no México (1927) e no Chile (1928).[67]

O debate sobre a menoridade ganhou especificidade e apareceram temas que foram reproduzidos no pensamento ao longo de todo o século XX e, até os dias de hoje, fazem parte do imaginário social. Exemplo disso é o temário do "Primeiro Congresso Internacional de Menores",[68] realizado em Paris, em 1911, que tratou especialmente das espantosas condições de vida nos cárceres onde os menores eram alojados e do tema da legislação penal, considerando negativa a falta de flexibilidade dos códigos penais, em especial quanto ao princípio da legalidade, que impedia a "tarefa de repressão-proteção", típica da especificidade do direito de menores. Afirma Morales[69] que a base do pensamento dos reformadores

---

[65] MENDEZ, Emílio García. *Infância e Cidadania na América Latina*, p. 48-63.

[66] MORALES, Júlio Cortes. A 100 años de la creación del primer tribunal de menores y 10 años de la convención internacional de los derechos del niño:el desafío pendiente. In: *Justicia y Derechos del niño*, p.63-78.

[67] MENDEZ, Emílio García. *Infância e Cidadania na América Latina*, p. 52.

[68] Ibidem.

[69] MORALES, Júlio Cortes. *Justicia y Derechos del niño*, p. 63-78.

estava na crítica à retribuição pura e às prisões por sua incapacidade de reabilitação de jovens, aderindo ao que chamavam de "nova penologia", ou seja, o ideal de reabilitação de orientação "socioetiológica".

Compreendendo que as decisões políticas e culturais determinam a realidade da política criminal das diferentes sociedades, e não o nível de violência e criminalidade praticado nestas sociedades, torna-se fundamental analisar como se estrutura o pensamento social criminológico no período histórico em que surgiu a especificidade do Direito Penal de menores. Trata-se de um pensamento que expressava-se especialmente através de instituições e justificado na utilidade que produzia às necessidades de controle social.

Segundo a análise feita por Zaffaroni,[70] a Primeira Grande Guerra teve como resultado o desgaste da Europa e a contínua expansão e crescimento da dominação econômica americana. A Rússia havia protagonizado uma revolução sem precedentes em 1917, e a Alemanha, em meio ao caos econômico, reprimia com violência as tentativas populares análogas às que deram origem à Revolução Russa. Na Itália, estabeleceu-se uma política autoritária, que logo desembocou em um modelo de estado totalitário.

A condução da economia liderada pelos Estados Unidos provocou a maior crise que o capitalismo mundial já havia assistido: a grande depressão de 1929. Tal fator econômico, com conseqüências que se estenderam à periferia, juntamente com o desenvolvimento da indústria de guerra americana, somou-se ao crescimento do nazismo na Alemanha e ao seu vertiginoso crescimento econômico. Estes fatores somados, como decorrência, desencadearam a Segunda Guerra Mundial, em 1939.

Na Europa, o neokantismo,[71] um "modelo integrado" de "direito e criminologia" que manteve a criminologia subordinada ao direito em um novo discurso "científico", teve por função salvar o positivismo e, em um duplo discurso, possibilitou a manutenção renovada do poder de dominação colonial. Expandiu-se, portanto, uma imagem de homem necessariamente violento e de uma sociedade que não podia eliminar esta violência "filogenética", "instintiva", "constitucional" etc., sendo apenas possível controlá-la.

Em resumo, conforme Zaffaroni, o saber do período entre guerras defendia um discurso determinista-biológico, em que todos percebiam a criminalidade "como déficit biológico genético". Para alguns, era prova de decadência genética, mais ou menos irredutível; para outros, superável

---

[70] ZAFFARONI, Eugenio Raul. *Criminologia, aproximacìon desde um margen*, p. 177-193.

[71] Zaffaroni define "Neokantismo" como uma das tendências da criminologia do período. Esta compreensão enquadra a criminologia não na lógica do ser e o Direito, em paralelo, na esfera do dever ser. In: ZAFFARONI, Eugenio Raul, op. cit., p. 187-191.

mediante transmissão genética de caracteres adquiridos. Nos dois extremos, uns buscavam formar a raça superior mediante a eliminação dos elementos geneticamente decadentes, enquanto outros buscavam reverter geneticamente a inferioridade biológica das gerações futuras. De qualquer modo, quanto aos criminalizados que assim eram identificados, quando incorrigíveis, era necessário eliminá-los, ou segregá-los para sempre.

Como o Direito dos menores, que surgia como especificidade, pouco dialogava com as garantias possibilitadas ao restante da população pelo Direito Penal adulto, o que fundamentava o pensamento dos reformadores era a criminologia tradicional positivista, em sua vertente renovada do século XX. Dessa forma, a preocupação de análise estava no "menor", enquanto objeto, e os atos criminais por eles praticados eram vistos como desvios, que deveriam ser estudados. O objetivo estava em identificar as causas do comportamento desviante e logo administrar as medidas adequadas à reabilitação; tratava-se de um diagnóstico "científico" que fundamentava o prognóstico possível do sujeito e projetava o que seria a sua prática no futuro. A definição feita por Mendez resume a característica do período:

"Se o século XVIII fixa a categoria social da criança tomando como pontos de referência a escola, no início do século XX assiste-se à fixação da categoria sociopenal do 'menor', que tem como pontos de referência a 'ciência' psicológica e uma estrutura diferenciada de controle penal".[72]

O pensamento hegemônico tanto no Congresso de Paris quanto na prática dos tribunais de menores baseava-se na confiança na "cientificidade" dos instrumentos da medicina, da biologia e, sobretudo, da psiquiatria, determinando por isso a desconsideração do "princípio da legalidade". A melhor definição da prática dos juízes de menores os considerava como "bons pais de família", "médicos", que após o diagnóstico aplicavam o "remédio" que julgassem melhor para seus "pacientes". Caracterizava-se, também, pela simplicidade nos ritos: nada de formalidades prejudiciais, nada de acusação e defesa, nada de diferenciação dentro da categoria de "menores", entre delinqüentes e abandonados. De outra parte, valorizava-se a indeterminação das penas e a atuação subjetiva e "afetiva" na jurisdição.[73]

Todos esses elementos foram constituidores da "doutrina da situação irregular" (como ficou conhecida na América Latina), que em nossos dias tem a evidente essência de marco jurídico legitimador da intervenção

---

[72] MENDEZ, Emílio García. *Infância e Cidadania na América Latina,* p. 49.
[73] Idem, p. 59-61.

estatal discricional. Na época, foi agregadora do pensamento considerado avançado em relação à situação anterior e constituiu-se na sustentação política para a criação de leis de menores da América Latina. Assim, em um período não superior a vinte anos, todas as leis latino-americanas adotavam esta concepção tutelar, tendo por objetivo central o "seqüestro social" de todos aqueles em "situação irregular".

O enfoque principal da referida doutrina[74] estava em legitimar uma potencial atuação judicial indiscriminada sobre crianças e adolescentes em situação de dificuldade. Definindo o foco no "menor em situação irregular", deixava-se de considerar as deficiências das políticas sociais, optando-se por soluções individuais, que privilegiavam a institucionalização e a adoção. Em nome desta compreensão individualista, biologista, o juiz aplicava a lei de menores sempre a partir de uma intenção positiva, a qual transitava entre o dilema de satisfazer um discurso assistencialista e uma necessidade de controle social.

Como característica daquelas legislações estava a centralização do poder de decisão na figura do juiz, com competência ilimitada e discricional, sem praticamente nenhuma limitação legal. Disso resultava a judicialização dos problemas vinculados à infância empobrecida e a patologização dos conflitos de natureza social, portanto, a criminalização da pobreza.[75]

O contexto histórico em que foram criadas as leis de menores na América Latina, além de ser constituído pelo pensamento criminológico já referido, era marcado também pela constituição de algumas estruturas nas políticas públicas, que eram embrionárias do modelo "estado de bem-estar social", o qual nunca se constitui de forma plena.

Conforme Bauman,[76] o estado de bem-estar social foi concebido como um instrumento, manejado pelo estado, para reabilitar os temporariamente inaptos e estimular os que estavam aptos a se empenharem mais. Os dispositivos de previdência eram, então, considerados uma rede de segurança coletiva. A comunidade tinha a responsabilidade de garantir que os desempregados tivessem saúde e condições suficientes para se reempregar. O estado de bem-estar, não era, portanto, concebido como caridade, mas sim como um direito do cidadão.

Com essa intenção política, no Brasil foi criada, em 1923, a primeira Caixa de Aposentadoria e Pensão dos Ferroviários, embrião da política previdenciária. E, em 1922, em plena afinidade com a política social vigente, mas também seguindo o espírito regional sob influência do mo-

---

[74] MENDEZ, Emílio García. *Infância e Cidadania na América Latina*, p. 88-96.

[75] Idem, p. 26.

[76] BAUMAN, Zigmunt. *O mal-estar da pós-modernidade*, p. 51.

vimento dos reformadores, começou a funcionar o primeiro estabelecimento público de atendimento a menores, no Rio de Janeiro, então Distrito Federal. Seguindo a mesma tendência, em 1927, foi aprovado o Primeiro Código de Menores, cujo autor era Melo de Matos, um Juiz de Menores, nome pelo qual ficou conhecida a nova lei.[77]

Novamente conforme Bauman,[78] há provas esmagadoras da íntima vinculação do progressivo desmantelamento do estado de bem-estar, ou sua desintegração, e a tendência a criminalizar a pobreza. Assim, constituiu-se a relação entre os momentos políticos que viveram o Brasil e os demais países de nosso continente, suas leis de menores e suas políticas públicas voltadas a este segmento. Em momentos mais autoritários, menos estado de bem-estar social, mais força na atuação repressiva dos Tribunais de Menores. Em momentos mais democráticos, ao contrário, avançavam as políticas públicas que tinham a tarefa de garantir o controle social da infância empobrecida, mas por intermédio de ações mais sociais e menos penais.

Cabe referir que o modelo de estado de bem-estar social, que abarcou os momentos de maior evidência das políticas de "bem-estar do menor" na América Latina, diferente da definição referida de Bauman, não se caracterizou como uma proposta de garantia de direitos sociais, mas como justificador de medidas assistencialistas e de segregação social.

Nesse ponto, novamente cabe referir Mendez, que costuma pôr em evidência a relação entre "infância, lei e democracia" em nosso continente. Segundo o autor,

"(...), as leis de menores foram muito mais do que uma epiderme ideológica e mero símbolo de criminalização da pobreza. As leis de menores foram um instrumento determinante no desenho e na execução da política social para a infância pobre. As leis de menores foram um instrumento (legal) determinante para legitimar a atuação coercitiva das políticas assistenciais. A polícia – no cumprimento das leis de menores e simultaneamente na flagrante violação dos direitos e garantias individuais consagrados em todas as constituições da região – converteu-se de fato no provedor majoritário e habitual da clientela das chamadas instituições de 'proteção' ou de 'bem-estar'".[79]

A realidade da prática penal, das políticas sociais e da legislação latino-americana permaneceu na maior parte do século praticamente inalterada, com relação a sua concepção fundamental. Como já foi dito, os

---

[77] GOMES da COSTA, Antônio Carlos. *De menor a cidadão,* p. 13.
[78] BAUMAN, Zigmunt. O mal-estar da pós-modernidade, p. 60-61.
[79] MENDEZ, Emílio García. Infância, Lei e Democracia: Uma Questão de Justiça. In: —— e BELOFF, Mary orgs. *Infância, Lei e Democracia na América Latina,* p. 42.

primeiros vinte anos do século XX caracterizaram-se pela elaboração das leis de menores e pela instalação dos Tribunais de Menores em todos os países. Já os anos seguintes tiveram como característica a criação das grandes instituições responsáveis pela política de segregação social e por pequenas alterações nas leis, que não as afetaram em substância, mas permitiam sua adaptação às exigências dos diferentes momentos políticos.

Nesse sentido, cabe salientar, no caso brasileiro, a criação do Serviço de Assistência ao Menor – SAM, em 1942, o qual foi implantado como um reflexo do período autoritário, conhecido como Estado Novo, que passou a vigorar após 1937. Tratava-se de um órgão vinculado ao Ministério da Justiça, equivalente ao sistema penitenciário, mas voltado à população menor de idade. Segundo Gomes da Costa,[80] o SAM respondia a uma orientação correcional repressiva, sendo que seu sistema de atendimento baseava-se em internatos, reformatórios ou casas de detenção que foram espalhados por todo o país, em forma de patronatos agrícolas, escolas de aprendizado e ofícios urbanos destinados a adolescentes autores de infrações penais, carentes e abandonados.

Embora a estrutura brasileira das políticas sociais e penais permanecesse inalterada,[81] no período de maior democracia, entre os anos de 1945 e de 1964, em consonância com a instalação na América Latina na década de 50 de movimentos sociais que buscavam a estatização e o caráter distribucionista das políticas públicas, antes exercidas em grande parte pelas instituições religiosas, surgiram lutas sociais para garantir a manutenção e a ampliação de conquistas sociais já alcançadas. Diante da progressiva decadência do sistema constituído pelo SAM, o seu caráter repressivo, embrutecedor e desumanizante foi desvelado à opinião pública, que passou a conhecê-lo como "sucursal do inferno" ou "universidade do crime".

Outros dois fatos marcaram a história penal juvenil brasileira no século XX. Trata-se da edição no período de ditadura militar, de duas novas legislações: a Lei 4.513/64, que estabeleceu a política nacional do bem-estar do menor; e a Lei 6.697/79, novo Código de Menores, que dispunha sobre a proteção e a vigilância aos menores em "situação irregular".

Enquanto "situação irregular", o Código de Menores definia todos aqueles em que fosse constatada manifesta incapacidade dos pais para mantê-los, não se diferenciando entre infratores, abandonados ou órfãos. Assim definidos, eram objeto de intervenção do estado sem limites e de forma discricionária. Portanto, a categorização que justificava a atuação

---

[80] GOMES DA COSTA, Antônio Carlos. *De menor a cidadão*, p. 14.
[81] Idem, p. 15-16.

punitiva/protetiva do estado, agora, assim descrita na lei, era a figura da "situação irregular".

Quanto à Lei que definiu a política do bem-estar do menor, sua principal decorrência foi a implementação do sistema FUNABEM, formado pela Fundação Nacional do Bem-estar do Menor, órgão nacional definidor de uma política uniforme e centralizada, e, no nível dos estados, pelas FEBEMs (Fundações Estaduais do Bem-Estar do Menor), as quais tinham a tarefa executora.[82]

Embora sua proposição original fosse substituir o sistema do SAM, absorvendo as críticas da opinião pública da época, a FUNABEM implementou sua política nas mesmas bases físicas do sistema anterior, herdando prédios, funcionários e a concepção sobre o papel do estado em relação aos menores. Pode-se dizer que o único acréscimo à visão correcional repressora foi o enfoque assistencialista, segundo o qual a política do bem-estar do menor propunha-se a suprir todas as deficiências que haviam sido sonegadas no âmbito das relações sociais às crianças pobres. Assim, para além do conceito de periculosidade, definidor do foco correcional repressivo, outros adjetivos caracterizavam os menores no período como "bio-psico-sócio-culturalmente" carentes. Um feixe de carências que justificava a constituição de instituições totais, capazes de supri-las e de garantir seu controle social.[83]

Conforme alerta Baratta,[84] a crise dos regimes autoritários, primeiro na Europa, entre o fim dos anos quarenta e o fim dos anos setenta, e depois na América Latina, nos anos oitenta, fez com que fosse ressignificada a importância dos Estados Democráticos de Direito na proteção dos direitos das crianças e dos adolescentes nos planos nacionais e internacional. Tanto na Europa como na América Latina, após a segunda metade do século, o novo discurso dos direitos humanos começou a estender-se a este público, o que passou a expressar-se nos documentos das Nações Unidas.

Em realidade, esse reconhecimento aos direitos fundamentais teve seu ressurgimento após o fim da segunda guerra mundial, com a criação das Nações Unidas e a aprovação da "Declaração Universal dos Direitos Humanos", em 10 de dezembro de 1948, que tem em seu preâmbulo o reconhecimento ao direito à dignidade de todos os membros da família.

As décadas de setenta e oitenta assistiram a uma erupção da pessoa humana no direito internacional. Os anos internacionais da mulher, da

---

[82] ESTADO DO RIO GRANDE DO SUL, Fundação de Atendimento Socioeducativo. *Centro do Jovem Adulto: Resgate Histórico*, p. 37-41.

[83] GOMES DA COSTA, Antônio Carlos. *De menor a cidadão*, p. 18-20.

[84] BARATTA, Alessandro. Infância e Democracia. In: MENDEZ, Emílio García e BELOFF, Mary orgs. *Infância, Lei e Democracia na América Latina*, p. 56-57.

criança, da juventude e do deficiente evidenciam a tendência na direção da conquista de direitos destes seguimentos da população, em âmbito internacional. Em 1994, este ciclo culminou com a comemoração do Ano Internacional da Família, em que a realidade familiar foi considerada como expressão sistêmica e ponto de convergência das questões que afetavam a subjetividade e a cidadania.

Especificamente na área da infância e da adolescência, o documento internacional que sintetiza as conquistas do período é a Convenção Internacional dos Direitos da Criança, cuja história de elaboração, conforme Saraiva,[85] remete-se a 1979, Ano Internacional da Criança. A partir de uma proposta originária da Polônia, formou-se um grupo de trabalho, organizado pela Comissão de Direitos Humanos da ONU, do qual participaram, além dos quarenta e três estados integrantes da Comissão, delegados dos países membros da ONU que assim o desejaram e representantes de organizações não-governamentais. Este grupo debateu o texto durante dez anos, sendo finalmente concluído e aprovado na Assembléia das Nações Unidas, reunida em Nova Iorque, em 20 de novembro de 1989.

No contexto latino-americano, a partir do início da década de oitenta, começou a difundir-se o processo de discussão da Convenção Internacional dos Direitos da Criança. Pela primeira vez, observou-se a atuação e a influência dos movimentos sociais, que eram emergentes, na construção de textos jurídicos na área dos direitos da infância. No caso brasileiro, tal movimento coincidiu com os debates que antecederam a convocação da Assembléia Nacional Constituinte, e depois, durante a elaboração da Constituição, a situação das crianças e dos adolescentes foi um dos temas das lutas populares por assegurar a positivação de direitos.

A partir do advento da Convenção Internacional sobre Direitos da Criança, de acordo com o critério aqui utilizado proposto por Mendez,[86] caracterizou-se uma nova fase, ainda não reproduzida em todos os países do continente, porém expressa na legislação brasileira, através da Constituição Federal, e regulamentada em 1990, através do Estatuto da Criança e do Adolescente. Trata-se da consolidação na legislação internacional, com influência gradativa nas Constituições dos vários países, da "Doutrina das Nações Unidas de Proteção Integral à Criança".

Fazem parte desse mesmo referencial não só o texto da Convenção, mas também outros três documentos internacionais: Regras Mínimas das Nações Unidas para a Administração da Justiça de Menores (regras de

---

[85] SARAIVA, João Batista da Costa. *Desconstruindo o Mito da Impunidade: Um Ensaio de Direito Penal Juvenil*, p. 84.
[86] MENDEZ, Emílio García. *Adolescentes e Responsabilidade Penal: um debate latino-americano*, p. 7-10.

Beijing) – nov/85; Regras das Nações Unidas para a Proteção dos Jovens Privados de Liberdade – nov/90; Diretrizes das Nações Unidas para Prevenção da Delinqüência Juvenil (Diretrizes de Riad) – nov/90.

Segundo Mendez,[87] trata-se de um novo paradigma conceitual e doutrinário definido como de "separação, participação e responsabilização". Separação, pois no plano normativo separam-se problemas de natureza social daqueles conflitos de caráter penal; participação, pois conceitua o protagonismo infanto-juvenil como ingrediente essencial; e, como decorrente deste último, na medida da maturidade configurada gradativamente no contexto do desenvolvimento dos sujeitos, a responsabilidade, não apenas social, mas também penal, em tratando-se dos adolescentes, ou dos maiores de 12 anos.

No campo penal, portanto, o modelo de responsabilidade dos adolescentes diferencia-se dos adultos no aspecto referente à inimputabilidade penal. No entanto, trata-se de um avanço na medida em que faz parte de um modelo de garantias, pois estabelece que tal responsabilidade penal decorre da prática de atos típicos, antijurídicos e culpáveis, tipificados na legislação penal, rompendo definitivamente com a concepção tutelar, de responsabilização por atos "anti-sociais".

Conforme refere Ferrajoli,[88] a nova doutrina constituiu-se em valor transformador na concepção do direito da infância, que foi estendido para além do âmbito doméstico, ao considerar as crianças e os adolescentes enquanto sujeitos de direito público, quando antes pertenciam a um mundo puramente natural de relações privadas, não reguladas pela lei. Para o autor, agora se busca para a infância a lógica dos direitos e garantias, a partir da valoração da forma jurídica em substituição à informalidade típica das leis de menores.

No período imediatamente seguinte à aprovação da Convenção dos Direitos da Criança, com exceção dos Estados Unidos e da Somália,[89] todos os países do planeta a ratificaram, tornando-a legislação nacional. Cabe referir que os países da América Latina e do Caribe foram pioneiros neste processo, gerando situações diversas, que persistem até o período atual. Conforme Beloff,[90] em alguns casos, foram realizadas reformas legislativas profundas em nível Constitucional e em legislações comple-

---

[87] MENDEZ, Emílio García. *Adolescentes e Responsabilidade Penal: um debate latino-americano*, p. 8.
[88] FERRAJOLI, Luigi. Prefácio. In: MENDEZ, Emílio García e BELOFF, Mary. *Infância, Lei e Democracia na América Latina*, p. 6.
[89] MENDEZ, Emílio García. Infância, Lei e Democracia: Uma Questão de Justiça. In: —— e BELOFF, Mary orgs. *Infância, Lei e Democracia na América Latina*, p. 21-22.
[90] BELOFF, Mary. Os Sistemas de Responsabilidade Penal Juvenil na América Latina. In MENDEZ, Emílio García e —— orgs. *Infância, Lei e Democracia na América Latina*, p. 119-129.

mentares, como ocorreu no Brasil, e em outros foram feitas modificações superficiais, formais e de nomenclatura, continuando no corpo das legislações a concepção da "doutrina da situação irregular". Em outros casos ainda, muito embora ratificada a Convenção, não houve adaptação legislativa, tornando as legislações nacionais inconstitucionais.

No Brasil, uma coincidência histórica fez com que o momento político internacional de formulação da Convenção fosse paralelo à elaboração da primeira Constituição Federal posterior ao período de abertura política, permitindo que fossem incluídos, na Constituição de 1988, os artigos 227 e 228, que positivaram na Lei nacional os princípios básicos contidos na Convenção Internacional, mesmo antes de que esta fosse aprovada em 1989.

Em treze de julho de 1990, como resultado da contínua mobilização social, que não se encerrou com as conquistas constitucionais, foi aprovada a Lei 8.069/90, Estatuto da Criança e do Adolescente, que regulamentou a Constituição, tornando-se a primeira legislação latino-americana adequada à normativa internacional. Em quatorze de setembro de 1990, a Convenção dos Direitos da Criança foi ratificada através dos Decreto Legislativo 28 e Decreto 99.710 da Presidência da República, que a transformaram em Lei interna brasileira.

Assim, o Estatuto da Criança e do Adolescente é um sistema de garantias que reproduz no âmbito de uma Lei especial as garantias constitucionais fundamentais. Nesse sentido, conceitua-se "garantismo", a partir da contribuição de Carvalho:[91] "Portanto, podemos caracterizar o garantismo como uma tecnologia dirigida à satisfação de valores substanciais, selecionando-os, explicitando-os e incorporando-os normativamente como condições de legitimação jurídica das proibições das penas, objetivando a minimização do poder punitivo ilegítimo".

Portanto, conforme Saraiva,[92] o Estatuto da Criança e do Adolescente estabelece três níveis de garantias:

– o primeiro nível define como direito de todas as crianças e adolescentes as políticas sociais básicas como educação, saúde, habitação, cultura, esporte, lazer etc (art. 227 da Constituição Federal e art. 4º do ECA, entre outros);

– o nível secundário caracteriza-se pelo direito de proteção especial, para todas as crianças e adolescentes que sejam vítima de violência, negligência, maus-tratos etc, e que se materializa no Estatuto através das medidas de proteção (art. 227 da Constituição Federal e artigos 5º e 98 do ECA, entre outros);

---

[91] CARVALHO, Salo de. *Penas e Garantias: uma leitura do Garantismo de Luigi Ferrajoli*, p. 95.
[92] SARAIVA, João Batista Costa, op. cit., p. 50-51.

– o nível terciário responde pelas medidas socioeducativas, destinadas a adolescentes que cometem atos infracionais.

Sendo assim, a Lei brasileira estabelece, como sistema máximo de garantias, os direitos sociais, dos quais são titulares todas as crianças e adolescentes, independente de sua situação social ou mesmo de sua condição pessoal e de sua conduta. É dever da família, da comunidade, da sociedade em geral e do estado a efetivação destes direitos, assegurando as condições para o desenvolvimento integral de quem se encontra nesta faixa etária.[93]

Quanto à responsabilização por atos infracionais definidos pela Lei Penal, como já foi demonstrado, o Estatuto significou um considerável avanço no histórico da legislação especial da infância e adolescência, na medida em que incorporou o princípio da legalidade. Isso significa a impossibilidade legal de que todos os adolescentes, independente de terem ou não cometido atos infracionais tipificados em lei, tenham tratamento penal, ou seja, sejam tratados como em situação irregular. Para além disso, a Lei especial prevê um sistema processual que, embora com incompletudes que serão analisadas com profundidade no decorrer deste trabalho, sendo interpretado de forma sistêmica, possui as mesmas garantias individuais perante o poder punitivo estatal de que têm direito todos os cidadãos brasileiros.

Conforme Ferrajoli:

"O paradigma escolhido (...) é do direito penal mínimo, que é incomparavelmente menos grave e mais respeitoso em relação ao adolescente que o velho sistema 'pedagógico' das chamadas 'sanções' leves impostas informal e arbitrariamente. (...) Segundo, pelo rigoroso respeito de todas as garantias penais e processuais – da taxatividade dos delitos à comprovação da ofensa e da culpabilidade, da carga da prova ao contraditório e ao direito de defesa – imposto ao sistema de responsabilidade penal juvenil, mesmo reconhecendo-os (os adolescentes) como inimputáveis".[94]

No que se refere ao sistema de medidas socioeducativas, há uma clara intenção legislativa em priorizar a aplicação de medidas alternativas à privação de liberdade, estabelecendo requisitos limitadores, conforme veremos mais especificamente, mas que desde já se pode afirmar que se limitam à proteção de bens jurídicos fundamentais, como a ameaça ou a violência à pessoa.

---

[93] Constituição Federal, art. 227.
[94] FERRAJOLI, Luigi. Prefácio. In: MENDEZ, Emílio García e BELOFF, Mary. *Infância, Lei e Democracia na América Latina*, p. 8.

De acordo com Ferrajoli,[95] o Direito Penal deve restringir-se à atuação em delitos em que efetivamente haja justificativa de pena e processo, não substituíveis por pena pecuniária. Utilizar o critério de ofensa à pessoa possibilita considerar como delito só aqueles onde há ofensa a pessoas de "carne e osso", consumados e não abstratos ou de "perigo abstrato". Caracteriza-se o critério como "polivalente de minimização", e equivale ao princípio de tolerância social a conduta desviada.

Em suma, todas as questões sociais, ou ofensas a bens jurídicos não de caráter fundamental, devem ser resolvidas através de sanções cíveis e administrativas. O direito penal, como restringe a liberdade das pessoas, que é um direito fundamental, deve ser restrito à relevância do mínimo necessário. Na conclusão do autor, este é o caminho para restabelecer a legitimidade e a credibilidade do Direito Penal.

No entanto, especificamente no caso brasileiro, o Direito da Criança e do Adolescente tem deixado a desejar no aspecto da sua aplicação. A realidade demonstra que, independente da concepção doutrinária garantista aqui demonstrada, a imposição da medida socioeducativa de internação a jovens que cometem atos infracionais nem sempre obedece ao princípio da excepcionalidade a ela destinado, constituindo-se na solução corriqueira encontrada pelo Poder Judiciário para a solução de conflitos e impasses muitas vezes de natureza social, sem respeito às garantias processuais, tanto Constitucionais, quanto da Lei especial. Disso decorre que a aplicação das medidas socioeducativas, sem observância dos limites legais, gera, perante os adolescentes, além de seu conteúdo naturalmente aflitivo, falta de legitimidade.

Conforme foi analisado neste capítulo, somente ocorreu o reconhecimento histórico da categoria infância, enquanto diferenciada dos adultos, depois de fixada política e culturalmente sua incapacidade. Nesse sentido, instituiu-se ao longo da modernidade o que Mendez[96] costuma nomear de cultura da "compaixão-repressão", segundo a qual não só a criança não é titular de cidadania como, em decorrência de sua incapacidade, justificam-se práticas eufemistas e, principalmente, discricionárias.

Assim, nos dias de hoje, a cultura da compaixão-repressão expressa-se através da prática de ilegalidades quando ainda violam-se garantias em nome do que os adultos consideram o melhor para as crianças e jovens. Nesse aspecto está o confronto entre o sistema de garantias, ou de exigibilidade das conquistas de cidadania previstas na Lei, e a cultura que informa e legitima práticas que banalizam a Lei.

---

[95] FERRAJOLI, Luigi. *Derecho* Penal Mínimo y Bienes Jurídicos Fundamentales. In: *Revista de la Asociación de Ciencias Penales de Costa Rica*, p. 13.
[96] MENDEZ, Emílio García. *Infância e Cidadania na América Latina*, p. 194-202.

Tal situação agrava-se diante das características culturais contemporâneas. Conforme Bauman,[97] vivemos hoje o período da desregulamentação e da renúncia forçada da segurança coletiva buscada na modernidade, frente ao valor maior a ser preservado, que é a liberdade individual. Agora os valores da sociedade moderna de ordem, pureza e limpeza devem ser preservados, porém estão a encargo do esforço individual.

As instituições que encarnaram a vida coletiva pareciam imortais e imbatíveis, mesmo frente a qualquer esforço individual. No entanto, hoje se observa uma situação diferente de incertezas, um tipo de incerteza que não se limita à própria sorte dos indivíduos, mas quanto à forma como deve funcionar o mundo e como se deve viver nele, o que deve ser considerado certo ou errado. "O mundo pós-moderno está se preparando para a vida sob uma condição de incerteza que é permanente e irredutível".[98]

As crianças e os adolescentes, que estiveram à parte da cidadania ou da segurança da garantia dos direitos sociais e individuais prometidos pela modernidade, hoje têm no plano normativo seus direitos reconhecidos. No entanto, a dimensão da incerteza contemporânea relativiza estas conquistas, tornando a tarefa de efetivar direitos, para além da superação histórica, a própria superação da nova ordem contemporânea.

De outra parte, conforme ensina Ferrajolli,[99] nunca as técnicas de garantia irão realizar-se completamente, e a observação de sua aplicação serve de parâmetro para validação ou não dos sistemas em concreto. Portanto, a aplicação da legislação penal juvenil torna-se hoje, além de busca por uma utopia real, parâmetro de avaliação do grau de democracia e cidadania da sociedade.

---

[97] BAUMAN, Zigmunt. *O mal-estar da pós-modernidade*, p. 7-11.
[98] Idem, p. 32.
[99] FERRAJOLI, Luigi, *Direito e Razão*, p. 340-351.

Capítulo III

Direito Penal Juvenil

3.1. Direito Penal Juvenil e princípio da legalidade

O Estatuto da Criança e do Adolescente (Lei 8.069/90) é a legislação brasileira que prevê, como seu terceiro sistema de garantias,[100] o "Direito Penal Juvenil",[101] ao normatizar o conjunto de medidas socioeducativas aplicáveis a adolescentes que cometem atos infracionais, ou seja, crimes ou contravenções tipificadas na Lei Penal pátria.

No âmbito da dogmática penal, o modelo de responsabilidade penal dos adolescentes introduziu na legislação o princípio da legalidade e constituiu-se em um avanço na medida em que é um modelo de garantias, pois refere tal responsabilidade concretamente por atos típicos, antijurídicos e culpáveis, tipificados na legislação penal, rompendo definitivamente com a concepção tutelar,[102] a qual apregoava a "responsabilização" por atos "anti-sociais", aplicando de fato um juízo de periculosidade, e não de responsabilidade.

Segundo define Brandão,[103] a legalidade é o princípio dos princípios. É na legalidade que o Direito Penal moderno encontra sua legitimidade.

---

[100] Como já foi abordado no Capítulo II, vários doutrinadores referem-se aos três sistemas de garantias previstos no ECA (Lei 8.069/90) como: a previsão de políticas básicas voltadas a todas as crianças e adolescentes; as medidas de proteção, voltadas àqueles que têm seus direitos violados; e as medidas socioeducativas, aplicáveis a adolescentes que infringem a Lei Penal.

[101] Será adotada a expressão "Direito Penal Juvenil" porque tem sido mais comum entre os doutrinadores brasileiros sobre o tema, no entanto cabe referir a ressalva feita por BRUÑOL, Miguel Cillero, *Nulla pena sine culpa. Um limite necessario al castigo penal,* p. 66, que denomina a matéria aqui abordada de "Direito Penal Adolescente" em uma referência valorativa à legislação e à produção doutrinária latino-americana e brasileira, em especial, buscando diferenciar do modelo de Direito Penal Juvenil adotado especialmente na Alemanha, o qual busca responder em maior medida a uma necessidade de controle social do que a um sistema de garantia de direitos.

[102] Entende-se por "concepção tutelar" aquela expressa no antigo Código de Menores brasileiro e em um conjunto de legislações especialmente latino-americanas, as quais expressavam em diplomas legais a "doutrina da situação irregular", concepção doutrinária que esteve presente em boa parte do último século, superada especialmente após a "Convenção Internacional dos Direitos da Criança" (1989).

[103] BRANDÃO, Cláudio.*Introdução ao Direito Penal: análise do sistema penal à luz do princípio da legalidade,* p. 1-11.

Expresso na norma "Não há crime sem lei anterior que o defina, nem pena sem prévia cominação legal" (art. 5°, inciso XXXIX da Constituição Federal e art. 1° do Código Penal), o princípio da legalidade é um divisor de águas na história do Direito Penal.

Nesse sentido, cabe aqui um breve resgate histórico, seguindo a trajetória percorrida pelos autores que abordam o tema. Segundo Brandão,[104] é possível dividir a história do Direito Penal em dois períodos: período do terror e período liberal. No período do terror, não existia qualquer preocupação com a humanização da repressão penal, não se oferecia nenhuma garantia ao ser humano em face do direito de punir do estado. O período liberal inaugurou a fase científica do Direito Penal e começou com a formulação do princípio da legalidade. O Direito Penal científico é pós-iluminista, é chamado liberal porque tem em seu centro a preocupação com a pessoa humana, tendo como requisitos o fundamento da punição e a legitimidade da pena.

Alguns autores, referidos por Luisi ou por Schimidt,[105] apresentam a origem do princípio da reserva legal na Magna Carta Inglesa, do rei João Sem-Terra, editada em 1215, na Inglaterra, sob o postulado "nenhum homem livre pode ser preso ou privado de sua propriedade a não ser pelo julgamento de seus pares". Tal referência histórica contesta outras opiniões[106] de menor unanimidade, que atribuem tal surgimento ao Direito Romano, ou ainda no período do Direito Medieval.

Cabe também referir outro fato que marcou a História do Direito Penal no período da Idade Média. Trata-se da obra de Tiberius Decianus (séc XVI),[107] que foi quem dividiu pela primeira vez o Direito Penal em duas partes: parte geral e parte especial. Trata-se de uma obra eminentemente teórica, que tratou do conceito de crime, entendendo que suas causas estão na própria lei que proíbe a ação sob ameaça de uma pena. Foi um dos primeiros autores que estabeleceu os princípios gerais que norteiam o crime, servindo como base para o princípio da legalidade.

Na Idade Média, embora essas referências embrionárias, não houve espaço para o surgimento efetivo do princípio da legalidade. O direito, na maioria das vezes costumeiro, ainda lidava com a confusão entre lei humana, lei divina e lei natural, prevalecendo a lei natural sobre a lei humana, visto que o poder divino tinha maior valor.

---

[104] BRANDÃO, Cláudio. Idem, p. 31.
[105] LUISI, Luiz. *Os princípios constitucionais penais*, p 14-15; SCHMIDT, Andrei Zenkner, A Crise da Legalidade na Execução Penal. In: CARVALLHO, Salo de. *Crítica à Execução Penal*, p. 45-46.
[106] Idem, p.14; referindo-se a MANZINI, *Vicenzo. Tratatto di Diritto Penalle Italiano*, 1950, v. 1, p.55 e MARQUES, J. Frederico. *Curso de Direito Penal*, vol. 1, p. 131-132.
[107] BRANDÃO, Cláudio. *Introdução ao Direito Penal: análise do sistema penal à luz do princípio da legalidade*, p. 27-28.

É consenso, portanto, que foi a partir dos teóricos do Iluminismo que realmente surgiu com importância política o princípio da legalidade, tendo seu fundamento na teoria do contrato social iluminista.

Conforme Luisi,[108] o Iluminismo preconizava a limitação do poder do estado, portanto, segundo essa visão, somente não é lícito aquilo que a lei proíbe, garantindo aos cidadãos uma faixa de autonomia para a sua atuação sem tutela estatal. Dentre estes direitos, está a reserva legal: somente a lei anterior ao fato praticado pode estabelecer que este constitui delito e que a ele é aplicável determinada pena.

Foi na modernidade que nasceu, efetivamente, o princípio da legalidade, através da obra "Dos Delitos e das Penas", de Beccaria, em 1764. Beccaria, um italiano que teve forte influência da escola francesa de Montesquieu e Helvetius, escreveu sua doutrina de Direito Penal como uma ampliação das concepções iluministas nascentes na época.

Sua obra procurou sistematizar de forma incipiente os princípios de um Direito Penal que respeita a dignidade da pessoa humana, afastando o uso arbitrário do *jus puniendi*, por parte dos detentores do poder.

"Três são os princípios basilares (de Beccaria): a legalidade dos crimes e das penas, a separação dos poderes e a utilidade do castigo. Todavia, todo o sistema liberal de Beccaria depende de um pressuposto: o Princípio da Legalidade. Desse modo, a legalidade é o princípio que fundamenta todos os demais".[109]

A função do princípio da legalidade, para Beccaria, estava em possibilitar, em primeiro lugar, que as pessoas de diferentes classes sociais fossem punidas do mesmo modo. Em segundo lugar, que houvesse proporcionalidade entre delitos e penas; e em terceiro, viabilizar as condições para que não houvesse retroatividade da norma penal.

Muito embora o princípio da legalidade tenha sido acolhido pela Declaração Universal dos Direitos do Homem e do Cidadão (1789), sua sistematização dogmática somente foi ocorrer em 1801, através da obra de Feuerbach. Para este autor, toda pena dentro do Estado é decorrência de uma lesão jurídica. Disso decorrem três princípios:[110] toda imposição de pena pressupõe uma lei penal; a imposição de uma pena é condicionada à existência de uma ação incriminada; e o mal da pena, como conseqüência necessária, será vinculado a uma lesão jurídica determinada. Portanto: *nullun crimen nulla poena sine lege.*

---

[108] LUISI, Luiz. *Os princípios constitucionais penais,* p. 14-15.

[109] BRANDÃO, Cláudio. *Introdução ao Direito Penal: análise do sistema penal à luz do princípio da legalidade,* p. 31.

[110] SCHMIDT, Andrei Zenkner, A Crise da Legalidade na Execução Penal. In: CARVALLHO, Salo de. *Crítica à Execução Penal,* p. 47.

Daí em diante, todos os ordenamentos jurídicos evoluídos consagraram, de uma forma ou de outra, o princípio da legalidade, principalmente com os contornos ditados pelo modelo político do Estado de Direito. Cabe ressaltar, conforme Luisi,[111] que ainda não está prevista a reserva legal nos códigos penais da China, da Albânia, da Coreia do Norte, da Dinamarca e da Groenlândia, estando, no entanto, presente nos textos legais internacionais mais importantes do nosso tempo, como a "Declaração Universal do Homem e do Cidadão", de 1948.

Em relação à realidade da legislação constitucional brasileira, ressalta o autor[112] que a previsão de reserva legal esteve garantida nas Constituições de 1824, 1891, 1946, 1967 e na emenda Constitucional de 17 de outubro de 1969. Na Constituição de 1988, também está consagrada em seu art. 5°, inciso XXXIX.

Ferrajoli[113] divide o conceito usual de princípio de "mera legalidade" e princípio de "estrita legalidade", entendendo que esta diferenciação possibilita aprofundar os diferentes modelos de estado e de Direito Penal vigentes na sociedade da modernidade.

Para o autor, o princípio da "mera legalidade" equivale à simples reserva da lei, qualquer que seja o modo como foram formuladas as leis, tratando-se de um princípio geral de Direito Público. Já o princípio da "estrita legalidade" faz da reserva da lei uma reserva absoluta, condicionando a validade das leis vigentes à taxatividade de seu conteúdo, refletindo-se, assim, exclusivamente no campo do Direito Penal. Só a lei penal, na medida em que dispõe sobre a liberdade dos cidadãos, está obrigada a vincular as decisões judiciais não só à forma, mas também à substância ou ao conteúdo das legislações a serem aplicadas.

Esta é a garantia que diferencia o Direito Penal, em um Estado Democrático de Direito, do Direito Penal dos estados simplesmente legais, em que o legislador é onipotente e, portanto, são válidas todas as leis vigentes, não havendo, neste caso, nenhum limite substancial à primazia da lei e não sendo observado o conjunto das garantias do cidadão perante o estado. Esta diferença reflete-se, também, conforme afirma Ferrajoli,[114] na distinção entre garantismo e autoritarismo penal, entre formalismo e substancialismo jurídico, entre Direito Penal mínimo e Direito Penal máximo.

O fato é que na época iluminista os modelos de Estado foram constituídos a partir do que preconizava o modelo liberal de sociedade, sob a

---

[111] LUISI, Luiz. *Os princípios constitucionais penais*, 1991, p. 16.
[112] Idem, p. 13-14.
[113] FERRAJOLI, Luigi. *Derecho y Razón: teoria del garantismo penal.* p. 378-380.
[114] Idem, p. 379.

ótica liberal individualista, onde os direitos do indivíduo estavam acima dos direitos da comunidade. Conforme Schimidt,[115] este modelo de estado está superado nos dias atuais, nos quais vivemos sob a égide constitucional de um Estado Democrático de Direito, onde o Direito Penal não pode ter somente como objetivo a norma, o que, segundo o autor, identifica-se com o pensamento de operadores do direito com enfoque positivista, para quem a norma tem validade em si mesma. Em sentido contrário, afirma: "Sua validade provém dos próprios valores políticos criminais eleitos pelo Estado Democrático de Direito".[116]

Para Brandão,[117] o Direito Penal não pode ser dissociado da realidade política. O princípio da legalidade foi criado em função de responder politicamente ao modelo de estado totalitário. Não reconhecer a relação que o Direito Penal tem com o mundo político é afastar-se da realidade. Através do modelo de Direito Penal vigente, pode-se traduzir o modo de uso estatal da violência em cada sociedade.

Segundo o autor, nos modelos de estado e sociedade anteriores ao Iluminismo, seja nos períodos de estado teocrático ou absolutista, a pena servia como forma divina de castigo ou como meio ilimitado de subjugar os súditos. Somente no Estado de Direito o poder foi limitado por princípios abstratos e ideais. Um Estado Democrático de Direito é um modelo que une e supera o estado liberal e o estado social, entendendo estado social como garantidor dos amplos direitos sociais a toda a população. Portanto, a partir dessa configuração, a intervenção estatal submete-se aos limites formais e materiais do Estado Social e Democrático de Direito.

A Constituição de 1988 afirma que o Brasil é um Estado Democrático de Direito. O modelo constitui-se, de fato, quando observamos que, em vários momentos do ordenamento jurídico, está prevista a intervenção estatal limitada pela legalidade. O princípio da legalidade é um limitador da intervenção estatal, sendo, a partir de sua aplicação, indissociável o Direito Penal da própria democracia. Trata-se de uma alta limitação do *jus puniendi* do estado, no sentido de proteger a dignidade da pessoa humana, portanto, uma garantia fundamental.

Se, pelo Direito Penal, podemos observar a face política do estado, porque ele é a mais grave forma de intervenção estatal na esfera individual, também é correto afirmar que pelo princípio da legalidade podemos identificar o estado que submete o poder político aos limites do direito.[118]

---

[115] SCHMIDT, Andrei Zenkner, A Crise da Legalidade na Execução Penal. *In*: CARVALLHO, Salo de. *Crítica à Execução Penal*, p. 48-49.

[116] Idem, p. 49.

[117] BRANDÃO, Cláudio. *Introdução ao Direito Penal: análise do sistema penal à luz do princípio da legalidade*, p. 43-44.

[118] FERRAJOLI, Luigi. *Derecho y Razón: teoria del garantismo penal*, p. 374-381.

Nas palavras de Luisi, "o princípio da reserva legal é um axioma destinado a assegurar a liberdade do cidadão contra a onipotência e arbitrariedade do estado e do juiz".[119]

Conforme Brandão,[120] o princípio da legalidade irá traçar o limite divisor entre dois direitos em jogo: o direito das pessoas, de um lado, e o direito de punir do estado, de outro. A partir do princípio da legalidade, entende-se que o Direito Penal não tem apenas a função de proteção das pessoas contra as lesões aos bens jurídicos, mas protege-as contra o poder punitivo do próprio Direito Penal, enquanto respeito à dignidade humana. A legalidade atua como garantia dos direitos humanos fundamentais, direitos estes garantidos no ordenamento positivo, que regula as relações entre os indivíduos e o estado.

O Estatuto da Criança e do Adolescente, ainda que tardiamente em relação aos avanços que o princípio da legalidade representou para o Direito Penal desde o séc XVIII, constitui-se em um sistema que traduz, no âmbito de uma Lei especial, as garantias constitucionais fundamentais e justificadoras do Estado Democrático de Direito.[121]

A Lei especial para a infância e a adolescência brasileira regulamenta, portanto, os princípios fundamentais contidos na Constituição Federal de respeito à dignidade da pessoa humana, de garantia de direitos sociais, de cidadania e de democracia. E avança na medida em que relaciona, pela primeira vez na história de nossas legislações, o princípio da legalidade penal com o tema da infância e da juventude.

Bruñol[122] analisa que a tendência de criação de sistemas de responsabilização juvenil na América Latina, após a Convenção Internacional dos Direitos da Criança, é decorrente da idéia básica da doutrina de proteção integral, que assegura direitos a todas as crianças e adolescentes frente ao Estado. Este reconhecimento, de "*status* jurídico" próprio para a infância, constituiu-se em limite ao poder punitivo do Estado.

Observa-se, no entanto, que, ainda nos dias atuais, persistem dúvidas entre os doutrinadores ou aplicadores da Lei quanto à natureza penal da legislação juvenil, o que conduz a desconsiderar todo o sistema correspondente de garantias constitucionais e princípios aplicáveis de Direito Penal, resultando, paradoxalmente, em prejuízo e desvantagem dos adolescentes perante os adultos.

---

[119] LUISI, Luiz. *Os princípios constitucionais Penais*, p. 18.

[120] BRANDÃO, Cláudio. *Introdução ao Direito Penal: análise do sistema penal à luz do princípio da legalidade*, p. 38-39.

[121] Este tema já foi abordado com maior profundidade no Capítulo II.

[122] BRUNÕL, Miguel Cilleno. Nulla Poena Sine Culpa. In: *Um Limite necesario al catigo penal in Justicia y Derechos Del Niño*, p. 68.

Mendez entende que as dificuldades observadas no Brasil hoje, quanto à aplicação inadequada das medidas socioeducativas, giram em torno do fato de que o Estatuto da Criança e do Adolescente vive uma dupla crise: de implementação e de interpretação.[123]

A primeira diz respeito à diferença entre a estrutura de políticas públicas, prevista na Lei, e a realidade política e social brasileira, na qual a existência de um estado de bem-estar social nunca chegou a configurar-se, o que se torna mais grave pela situação de exclusão social em que vive a maioria do povo brasileiro.

Porém, os problemas apresentam-se de forma mais complexa do que a defasagem na implementação da Lei, trata-se, conforme define o autor, da segunda crise: da interpretação. Nesse conceito, o autor situa divergência interpretativa quanto à natureza da Lei, se seu caráter é de responsabilização penal ou de desconstituição dessa responsabilização em prol do protecionismo tutelar, ou mesmo do eufemismo de uma responsabilização social. Tal situação acaba confundindo os operadores jurídicos e a sociedade em geral, abrindo espaço político para proposições contrárias ao Estatuto, as quais se sustentam na afirmativa de que, em função da Lei vigente, existiria impunidade dos adolescentes.

Argumenta o autor:

"A crise de interpretação configura-se, então, como a releitura subjetiva discricional e corporativa das disposições garantistas do ECA e da Convenção Internacional dos Direitos da Criança. Dito de outra forma, a crise de interpretação configura-se no uso do código 'tutelar' de uma lei como o ECA, claramente baseada no modelo de responsabilidade".[124]

Trata-se em verdade de uma confusão conceitual entre a antiga doutrina da situação irregular e a nova concepção proposta pela Convenção Internacional dos Direitos da Infância.

No caso da antiga doutrina, seu enfoque principal estava em legitimar uma potencial atuação judicial indiscriminada sobre crianças e adolescentes em situação de dificuldade, sem referência ou respeito à legalidade constitucional e, portanto, sem respeito ao princípio da legalidade. Definindo o foco no "menor em situação irregular", como era praticado com o respaldo legal do "Código de Menores", deixava-se de considerar o contexto das deficiências das políticas sociais em que a situação da infância brasileira estava inserida e ignorava-se, portanto, a necessidade de lei

---

[123] MENDEZ, Emílio García. *Adolescentes e Responsabilidade Penal: um debate latino-americano*, p. 11.
[124] Idem, p. 16.

anterior que definisse a ilegalidade das condutas praticadas. Aplicava-se, antes da existência do Estatuto da Criança e do Adolescente, o direito de menores de forma indiscriminada, tanto aos que praticassem condutas típicas, quanto aos que necessitassem de proteção social. Nos dias atuais, algumas vezes são reproduzidas as mesmas práticas, no entanto sem o efetivo respaldo legal e constitucional. Conforme Mendez,[125] aplica-se a lei vigente com o olhar da antiga doutrina.

3.2. A Teoria do Crime e o Direito Penal Juvenil

O princípio da legalidade é o estudo da lei penal em sua natureza essencial. Como já foi visto, trata-se, de um lado, do pressuposto do poder punitivo do Estado e, de outro, do limite ao arbítrio deste poder punitivo. O sistema penal tem como partes, de um lado, o estado, e de outro, a pessoa humana, que requer garantias essenciais. O princípio da legalidade é o equilíbrio jurídico entre estas duas forças.

Segundo o posicionamento de Luisi,[126] o princípio da legalidade desdobra-se em três postulados. O primeiro trata das fontes da norma penal, ou seja, da necessidade de reserva legal. O segundo diz respeito ao enunciado das normas penais ou à exigência de que as leis penais, especialmente as de natureza incriminadora, sejam claras, taxativas e, o quanto possível, certas e precisas. E o terceiro diz respeito à validade das leis penais no tempo, ou seja, trata da exigência de retroatividade das normas penais.

Na formulação da lei penal, portanto, exige-se do legislador qualificação, uso de técnica correta e de linguagem rigorosa e uniforme. No entanto, a principal finalidade do princípio da legalidade dirige-se à aplicação da lei pelo poder judiciário, pois, na medida em que é fixada com a certeza necessária a esfera do ilícito penal, fica restrita a discricionariedade do aplicador da lei.

Conforme Jescheck,[127] o grau de vinculação do juiz à lei responde ao grau de exatidão com que a vontade coletiva expressou-se nela. Portanto, a proibição de retroatividade e a indeterminação das leis penais são orientações dirigidas ao legislador. No entanto, também são orientações decorrentes da legalidade a proibição de analogia e a exclusão da possibilidade de aplicação do direito consuetudinário em prejuízo ao réu, orientações

---

[125] MENDEZ, Emílio García. Idem, p. 11-15.

[126] LUISI, Luiz. *Os princípios constitucionais Penais*, p. 13-22.

[127] JESCHECK, Hans-Heinrich. *Tratado de Direcho Penal – Parte Geral*, p. 114.

estas que dizem respeito ao processo de interpretação e de aplicação das normas e dirigem-se ao juiz.

Assim, são princípios jurídicos decorrentes do princípio da legalidade, conforme sistematiza Brandão,[128] a proibição de analogia em prejuízo do réu, a proibição do direito costumeiro *in malam partem*, a exigência de lei certa e, por último, a existência de lei prévia.

A norma penal tem como requisitos formais o preceito e a sanção. Do preceito, decorre a Teoria do Crime; da sanção, decorre a Teoria da Pena. Cabe nesse momento desmembrar os princípios decorrentes do princípio da legalidade, a partir dos elementos essenciais do conceito de delito, identificando como estão expressos na legislação penal juvenil.

De acordo com o sistema penal previsto no Estatuto, é oportuno referir que a ação do Estado, autorizando-se a sancionar o adolescente, impondo-lhe uma medida socioeducativa, está condicionada à apuração, através do devido processo legal, se a ação praticada é típica, antijurídica e culpável.

Como refere Brandão, a conduta é uma realidade presente na vida e, para o Direito Penal, nem todas as formas de comportamento humano têm relevância. Para que uma conduta seja penalmente relevante, o legislador tem que reduzi-la a um tipo. Portanto, tipo "é um conjunto de elementos que descrevem um delito determinado (...) é a imagem conceitual, um modelo de conduta incriminada".[129]

Nesse sentido, o princípio da legalidade exige que nenhuma conduta seja incriminada se ela não estiver prevista em lei. A tipicidade é a relação de adequação entre a ação ou a omissão e o modelo abstrato de conduta proibida prevista na lei. A tipicidade é o cumprimento do próprio princípio da legalidade, pois tem uma função de garantia da não-incriminação de outras condutas que não estejam descritas na Lei.

Os adolescentes de doze a dezoito anos estão sujeitos ao Código Penal no que se refere à tipicidade e antijuridicidade de suas condutas. Neste aspecto a norma estatutária não se diferencia do Direito Penal adulto vigente em nosso país, atendendo aos requisitos do princípio da legalidade quanto aos preceitos, que, de modo geral, têm clareza na redação e devem obedecer ao princípio da anterioridade.

De acordo com Jescheck,[130] o legislador estabelece preceitos vinculantes do comportamento social, que são denominadas normas jurídicas, são exigências de ajuste à ordem da comunidade. Este arcabouço de regras

---

[128] BRANDÃO, Cláudio. *Introdução ao Direito Penal: análise do sistema penal à luz do princípio da legalidade*, p. 71-73.
[129] Idem, p. 95.
[130] JESCHECK, Hans-Heinrich. *Tratado de Direcho Penal – Parte Geral*, p. 209-210.

prescreve o agir positivo, o qual favorece os valores vigentes e proíbe comportamentos contrários a estes valores. Portanto, a antijuridicidade deve ser entendida como a prática de comportamentos contrários ao dever de atuar ou abster-se, estabelecido pelas normas jurídicas em sua totalidade.

Dito com outras palavras e partindo-se da contribuição de Brandão,[131] a antijuridicidade é a relação de contrariedade da conduta com o ordenamento jurídico, é um juízo de valor negativo que qualifica o fato como contrário ao Direito e à conduta como indesejável. O conceito de antijuridicidade define-se como a contradição da conduta humana com a norma jurídica, tendo como base de fundamentação a legalidade. Se existem condutas tipificadas na lei penal, é sinal que o Estado não quer que se realizem; portanto, é através da Lei penal que se dá o caráter de contrariedade ao Direito, que é próprio da antijuridicidade.

A função da antijuridicidade é revelar as hipóteses de incidência das causas de justificação, que, por exceção, afastam do crime o caráter antijurídico. São, portanto, causas de exclusão de antijuridicidade o estrado de necessidade, a legítima defesa, o estrito cumprimento do dever legal e o exercício regular de um direito. Somente na presença de uma dessas causas de justificação, fatos típicos são autorizados pelo Direito. Na ausência dessas causas de justificação, as ações que não estão por elas acobertadas serão antijurídicas.

Para Jescheck,[132] a questão central está nos efeitos das causas de justificação. A intervenção de uma causa de justificação exclui a antijuridicidade da ação típica, ou seja, a ação continua sendo típica, mas é permitida. Tem, portanto, como efeito, não só permitir a ação típica, como exigir a realização desta ação.

As causas de justificação são, portanto, normas permissivas, pois autorizam a violação de bens jurídicos protegidos pelo Direito Penal. As condutas que violam tais bens, somente na presença das causas excludentes, serão consideradas de acordo com o ordenamento jurídico.

Também a culpabilidade é elemento do crime decorrente do princípio da legalidade, especialmente porque somente pode-se efetuar um juízo de culpabilidade se estiverem concretizados os juízos de tipicidade e antijuridicidade. Aquele que é declarado culpado o é porque fez algo que estava proibido pela norma, por isso a culpabilidade essencialmente realiza-se na relação do homem com a norma.

---

[131] BRANDÃO, Cláudio. *Introdução ao Direito Penal: análise do sistema penal à luz do princípio da legalidade*, p. 119-120.
[132] JESCHECK, Hans-Heinrich. *Tratado de Direcho Penal – Parte Geral*, p. 298-299.

Conforme Brandão,[133] o juízo de reprovação é concretizado quando o sujeito, podendo comportar-se conforme a norma, optou por agir contrário ao Direito. Como a conduta que o Direito exige dos homens é extraída das normas, a lei penal é o norte através do qual será feita a análise da culpabilidade. Assim, o julgamento penal de um adolescente deve contemplar, além de sua conduta ser efetivamente contrária ao Direito, a constatação de que dele poderia esperar-se conduta diversa daquela praticada.

No âmbito da culpabilidade, importam os pressupostos que levaram uma pessoa de carne e osso a agir contrária à lei, pessoa que possa ser considerada responsável por sua ação típica e antijurídica. Trata-se da censura a uma vontade plenamente consciente da ilicitude.

De acordo com Jescheck,[134] a consciência é a fonte do conhecimento do injusto. O princípio da culpabilidade, segundo o autor, não pressupõe somente que o homem possa decidir livremente, mas também corretamente. A consciência, portanto, constitui-se no meio através do qual se percebem os conceitos valorativos do sujeito. No âmbito do ordenamento jurídico, prossegue o autor, é a consciência do direito que capacita o homem para distinguir entre o justo e o injusto. A vigência da norma não depende de seu conhecimento e consciência por parte dos cidadãos, mas estes se constituem no meio pelo qual os indivíduos fazem suas as proibições jurídicas, podendo também o intelecto intervir na compreensão dos mandatos jurídicos.

A evolução do conceito jurídico de culpabilidade teve como decorrência a elaboração da "Teoria Finalista da Ação". Para Welzel, um de seus principais expoentes:

"Toda a vida comunitária do homem se estrutura, para bem ou para mal, sobre a atividade final do homem. Isto pressupõe que os membros da sociedade podem atuar conscientes do fim, é dizer, propor fins, eleger os meios requeridos para sua obtenção e colocá-los em movimento com consciência do fim".[135]

No Brasil, hoje é praticamente corrente a aceitação da "Teoria Finalista da Ação". Ela compreende que a conduta apenas se orientada a um determinado objetivo, o qual influi, até mesmo, para a caracterização de um tipo. Este posicionamento consagra a ação ou omissão como sendo exercício de atividade final. Como decorrência, em um primeiro momento, gerou-se certa perplexidade pelo esvaziamento do conceito da culpabilidade que, até então, contemplava o dolo e a culpa.

---

[133] BRANDÃO, Cláudio. *Introdução ao Direito Penal*, op. cit., p. 133-136.
[134] JESCHECK, Hans-Heinrich. *Tratado de Direcho Penal – Parte Geral*, p. 372.
[135] WELZEL, Hans. *Derecho penal alemão*, p. 37.

No entanto, evoluiu-se, segundo esta teoria, para que todos os elementos constitutivos da culpabilidade sejam normativos, ou seja, decorrentes da norma. O dolo, neste caso, é parte da ação, ou do tipo penal injusto, não estando, portanto, incluído no conceito da culpabilidade. No que se refere à culpabilidade, separou-se em definitivo o caráter subjetivo do normativo. São, portanto, elementos da culpabilidade a potencial consciência de antijuridicidade, a exigibilidade de conduta diversa e a imputabilidade, sendo que a lei penal é o elemento balizador da existência ou não de cada um destes elementos na conduta realizada pelo sujeito.

Para que se possa imputar um juízo de reprovação a alguém, é necessário que este alguém seja capaz. A capacidade de culpabilidade é chamada de imputabilidade. Este conceito é essencialmente normativo, visto que a capacidade dos sujeitos está definida em Lei.

"Imputável é o sujeito capaz de alcançar a exata percepção de sua conduta e agir com plena liberdade de entendimento e vontade. Portanto, a imputabilidade é o conjunto de qualidades pessoais, as quais são determinadas na norma penal, que possibilitam a censura pessoal".[136]

Conforme análise doutrinária realizada por Bruñol,[137] existem duas grandes teorias que justificam a diferença de tratamento de crianças e adolescentes, quanto à responsabilidade. As "doutrinas de imputabilidade em sentido estrito", que igualam a condição do menor à do doente mental, fundamentando a exceção no fato de que o menor não teria plenas faculdades para compreender o caráter ilícito de sua conduta, atuando, portanto, segundo sua capacidade de compreensão. E as "doutrinas político-criminais", que entendem a idade penal como uma barreira entre os sistemas de responsabilidade diante do delito, seja o sistema adulto, ou o sistema juvenil.

Esta última concepção doutrinária, segundo o autor, divide-se em outros dois grupos: os chamados "modelos de proteção", que declaram irresponsável o menor e a ele destinam medidas de proteção e de segurança; e os que defendem a aplicação às pessoas menores de idade um "modelo penal especial para adolescentes", que contempla sanções especiais e reconhece em seus destinatários uma capacidade de culpabilidade especial.

Define-se, portanto, um limite inferior, a partir dos doze anos, e um limite superior, até os dezoito anos, para que os sujeitos, que estão em

---

[136] BRANDÃO, Cláudio. *Introdução ao Direito Penal: análise do sistema penal à luz do princípio da legalidade*, p 142.
[137] BRUÑOL, Miguel Cilleno. Nulla Poena Sine Culpa. In: *Um Limite necesario al catigo penal in Justicia y Derechos Del Niño*, p. 70-71.

uma fase de desenvolvimento diferenciada do mundo adulto, respondam por um sistema de responsabilidade também diferenciado dos adultos. São, assim, imputáveis perante seu próprio sistema de responsabilidade. No caso brasileiro, são imputáveis perante o Estatuto da Criança e do Adolescente.[138]

Nesse sentido, também se manifesta Amaral e Silva:

"Sendo a imputabilidade (derivado de *imputare*) a possibilidade de atribuir responsabilidade pela violação de determinada lei, seja ela penal, civil, comercial, administrativa ou juvenil, não se confunde com a responsabilidade, da qual é pressuposto. (...) Não se confundindo imputabilidade e responsabilidade, tem-se que os adolescentes respondem frente ao Estatuto respectivo, porquanto são imputáveis diante daquela lei".[139]

O elemento da imputabilidade é de fato o diferencial no que se refere à condição de culpabilidade dos adolescentes em relação aos adultos, e também o conteúdo definitivo que justifica a separação e a existência de um sistema penal diferenciado para adolescentes.

O outro elemento, exigibilidade de conduta diversa, trata-se da verificação se o sujeito tinha o dever e também o poder de comportar-se de acordo com o Direito e, por deliberação pessoal, optou pela conduta transgressora, observando-se, portanto, a liberdade de opção do sujeito.

O último elemento da culpabilidade é a consciência de ilicitude. Nesse caso, a análise realizada é se o agente tem ou não consciência do caráter antijurídico de sua conduta. Como toda a norma penal tutela um bem jurídico, que é um valor social, a consciência de antijuridicidade é a consciência do desvalor da conduta; portanto, se o sujeito tem ou não a de percepção de que sua conduta viola o valor tutelado pela lei penal.

Importa referir que a ausência do reconhecimento de uma culpabilidade especial dos adolescentes perante o sistema penal juvenil contido na legislação especial historicamente tem tido como decorrência a falta de reconhecimento do próprio sistema penal juvenil. E, ainda, conforme Bruñol,[140] tanto os sistemas baseados na doutrina que enfatiza o conceito de culpabilidade baseado no discernimento, quanto aqueles que entendem que o diferencial de política criminal remete para um sistema de proteção, e

---

[138] O Estatuto da Criança e do Adolescente (Lei 8.069/90) define em seu art. 104: *"São penalmente inimputáveis os menores de dezoito anos, sujeitos às medidas previstas nesta Lei"*.

[139] AMARAL E SILVA, Antônio Fernando. O mito da inimputabilidade penal e o Estatuto da Criança e do Adolescente In: *Revista da Escola Superior de Magistratura do Estado de Santa Catarina*, p. 263.

[140] BRUÑOL, Miguel Cilleno. Nulla Poena Sine Culpa. In: *Um Limite necesario al catigo penal in Justicia y Derechos Del Niño*, p. 71-73.

não de responsabilização, não têm se revelado capazes de controlar o poder punitivo do estado. Como já foi analisado no Capítulo I deste trabalho, historicamente as crianças e os adolescentes declarados sem discernimento foram alvo de severos castigos, justificados pelo eufemismo de um sistema de proteção.

Afirma o autor:

"El sistema de menores, a partir de la negación formal del delito y de la pena, realiza uma justificacion ideológica da legitimidad de lãs medidas de protección que se fundamenta em la periculosidad y em la educacion (readaptacion social). Em concreto, tanto el modelo de discernimiento como el de la proteccion son funcionales a la incorporación de los adolescentes que infringen la ley penal em la categoria de anormales, y favorecen la criación de sistemas de consecuencias jurídicas concebidos como tratamientos compulsivos, em muchas ocasiones desarrollados em condiciones de privación de liberdad, de la vida familiar, de la vida social".[141]

3.3. Natureza sancionatória da medida socioeducativa

A norma penal tem como requisitos formais o preceito e a sanção. Como já foi analisado, especialmente quanto aos preceitos, o Estatuto da Criança e do Adolescente vincula a conduta dos adolescentes à tipificação prevista no Código Penal e, nesse aspecto, situa-se um avanço trazido por esta Lei em relação à legislação anterior. Quanto às sanções previstas, a Lei estatutária criou um sistema próprio composto pelas medidas socioeducativas, sobre as quais são realizados calorosos debates doutrinários em relação à sua natureza jurídica.

Alguns autores, como Garrido de Paula,[142] entendem que estamos diante de um novo ramo do Direito, que possui normas e princípios próprios, respaldados na Constituição Federal, mas não vinculados em nada ao Direito Penal. Entendem que fazer esta relação teórica teria o efeito principal de penalização dos adolescentes e de um retrocesso, na medida em que as leis penais da atualidade ainda estão baseadas em uma concepção retributiva e aflitiva.

Não desconsideram a relevância das garantias fundamentais do Direito Penal, mas entendem que não são conquistas exclusivas deste ramo

---

[141] BRUÑOL, Miguel Cilleno. Nulla Poena Sine Culpa, op. cit., p. 73.
[142] GARRIDO DE PAULA, Paulo Afonso. *Direito da Criança e do Adolescente e Tutela Jurisdicional Diferenciada*. São Paulo: Revista dos Tribunais, p. 43-45.

do Direito. O Direito da Criança e do Adolescente também conteria estas garantias, bastaria a aplicação da doutrina da proteção integral aos adolescentes em conflito com a Lei.

Esse entendimento propaga que mesmo a restrição e a privação de liberdade não possuem sentido punitivo, portanto, natureza punitiva, uma vez que estas medidas são tomadas para que os adolescentes possam ser atendidos, tratados, reeducados e reinseridos socialmente. Logo, o enfoque da discussão não estaria nas garantias do adolescente perante o poder punitivo do Estado, pois este, através dos seus órgãos, agiria em benefício dos adolescentes.

Coerente é o entendimento que atribui natureza sancionatória às medidas socioeducativas, embora seu conteúdo na execução deva ser predominantemente educativo. Sustenta Amaral e Silva[143] que existem penas, propriamente ditas, originárias do sistema penal retributivo e que estas estariam classificadas em um gênero, tanto que existem penas ou sanções de caráter civil ou administrativo. O autor conclui que as medidas socioeducativas também seriam espécies desse gênero.

Aos adolescentes não se pode imputar (atribuir) responsabilidade frente à legislação penal comum. Todavia, pode-se-lhes atribuir responsabilidade com base nas normas do Estatuto próprio, pois respondem pelos delitos que praticam, submetendo-se a medidas socioeducativas de caráter penal especial. Tal caráter justifica-se especialmente porque as referidas medidas são impostas aos sujeitos, ao mesmo tempo em que decorrem da prática de atos infracionais, ou crimes tipificados na lei penal, e, ainda, é indiscutível seu caráter aflitivo, especialmente tratando-se da privação de liberdade.

Tais medidas, por serem restritivas de direitos, inclusive da liberdade, conseqüência da responsabilização, terão sempre caráter penal, sendo sua natureza de sanção ou de retribuição. Esta característica não pode ser disfarçada ou negada, seja em antigas ou novas legislações, com esta ou com aquela nomenclatura. O grande avanço será admitir explicitamente a existência da responsabilidade penal juvenil, como categoria jurídica, enfatizando o aspecto pedagógico da resposta como prioritário e dominante. É útil à concepção doutrinária garantidora de direitos que se proclame o caráter penal das medidas socioeducativas, pois, sendo assim reconhecidas, serão impostas observando o critério de estrita legalidade.

Partilhando as semelhanças entre o Código Penal e o Estatuto da Criança e do Adolescente, na parte atinente a ato infracional, os dois

---

[143] AMARAL E SILVA, Antônio Fernando. O mito da inimputabilidade penal e o Estatuto da Criança e do Adolescente In: *Revista da Escola Superior de Magistratura do Estado de Santa Catarina*, p. 263.

sistemas buscam impor coercitivamente um programa que também, em ambos os casos, teria o objetivo de ressocialização. Define-se, portanto, que a medida socioeducativa é primordialmente um ato de ingerência estatal na esfera de autonomia do indivíduo. É a vontade estatal que se sobrepõe à vontade do cidadão, tolhendo-lhe o pleno exercício de seus direitos fundamentais naturais, obrigando-o a submeter-se a um determinado regime sem se importar com a sua anuência.

Ao afirmar o caráter sancionatório das medidas socioeducativas, os autores que defendem tal posição não pretendem contribuir para que o sistema de execução socioeducativo evolua em sentido negativo, assemelhando-se ao sistema carcerário destinado aos adultos. Muito menos esperam medidas socioeducativas de conteúdo meramente retributivo em sua execução. Preconizam a humanização dessas respostas jurídicas, especialmente limitando sua aplicação ao caráter excepcional previsto no Estatuto da Criança e do Adolescente, e a restrição ao devido processo legal, no qual sejam respeitados os direitos que o ordenamento jurídico pátrio garante a todos os cidadãos.

O conteúdo pedagógico na execução corresponde ao direito à educação e ao desenvolvimento saudável de que são titulares todas as crianças e adolescentes, independente de terem ou não cometido atos infracionais, em função de sua condição de pessoas em peculiar desenvolvimento.[144] A restrição de liberdade, enquanto sanção, não restringe os outros direitos de pessoa humana que fazem jus e que são credores tanto do estado, quanto da sociedade, como um todo.

Conforme Amaral e Silva, cuja posição merece ser transcrita,

"A nova Doutrina, ao reconhecer o caráter sancionatório das medidas socioeducativas, deixa clara a excepcionalidade da respectiva imposição, jungido o juiz aos critérios garantistas do Direito Penal. (...) Vale dizer, remeteu o intérprete aos princípios garantistas do Direito Penal Comum, tendo como normas específicas as do Estatuto. Estas se referem tão-somente à natureza da resposta, ou seja, às medidas que, por serem socioeducativas, diferem das penas criminais no aspecto predominantemente pedagógico e na duração, que deve ser breve, face o caráter peculiar do adolescente como pessoa em desenvolvimento".[145]

O caráter garantista de uma legislação exige a aplicação plena dos preceitos legais válidos perante o conjunto do sistema legal. Existindo

---

[144] Direitos que estão positivados no art 227 da Constituição Federal e, de forma mais específica, nos arts. 3º e 53º do Estatuto da Criança e do Adolescente, Lei 8.069/90.

[145] AMARAL E SILVA, Antônio Fernando. O mito da inimputabilidade penal e o Estatuto da Criança e do Adolescente. In: *Revista da Escola Superior de Magistratura do Estado de Santa Catarina*, p. 263-264.

dúvidas sobre a natureza penal da legislação juvenil, acaba-se por desconsiderar todo o sistema correspondente de garantias Constitucionais e de princípios aplicáveis de Direito Penal.

É certo que o Direito Penal iluminista constituiu-se ao longo da modernidade em uma promessa que acabou realizando-se em seu sentido contrário. Os ideais de respeito à liberdade da pessoa humana como decorrência do contrato social acabaram por legitimar um sistema de reprodução das desigualdades sociais e de manutenção da estrutura social. Conforme Baratta,[146] o sistema penal cumpre a função de reprodução e de manutenção da estrutura vertical da sociedade, voltando-se para a criminalização e o isolamento dos indivíduos provenientes de estratos sociais mais fracos. Isso tem a ver com conteúdos, mas também com os "não conteúdos da Lei Penal", na medida em que reflete o universo moral próprio de uma "cultura burguesa individualista".

A partir de um modelo penal garantista, entende-se que a opção correta está em minimizar a incidência do Direito Penal, utilizando a legalidade como instrumento de redução do poder punitivo, e não de legitimação do sistema vigente. Conforme Prado,[147] torna-se cada vez mais oportuna a construção de um discurso dogmático competente e democrático que, aliado ao pensamento crítico, possa preservar as conquistas da modernidade que dizem respeito às garantias da pessoa humana.

De acordo com o que ensina o modelo garantista de Ferrajoli,[148] o fim máximo do direito penal é evitar a violência na sociedade, seja no cometimento de delitos, seja de vingança privada ou reação social, seja de violência estatal sobre o réu. O risco de violência traz legitimidade ao Direito Penal como uma necessidade política, como instrumento de tutela de direitos fundamentais, definindo os âmbitos e limites daqueles bens jurídicos que não se justifica lesionar, nem com os delitos, nem com os castigos.

No entanto, os sistemas punitivos modernos, em função de contaminações políticas, ou de não-observação de formas garantistas, têm se transformado cada vez mais em informais e menos penais. Portanto, segundo o autor, a crise que nosso atual sistema vive é tal que a verdadeira utopia não é a alternativa ao sistema penal, mas o próprio sistema penal e suas garantias.

Tendo como referência o contexto histórico da infância e da juventude, a tradicional informalidade como são tratados seus direitos conquis-

---

[146] BARATTA, Alessandro. *Criminologia Crítica e Crítica do Direito Penal*, p. 176.

[147] PRADO, Geraldo. Prefácio. In: BRANDÃO, Cláudio. *Introdução ao Direito Penal: análise do sistema penal à luz do princípio da legalidade*, p. XVII.

[148] FERRAJOLI, Luigi. *Derecho y Razón: teoria del garantismo penal*, p. 324.

tados no ordenamento jurídico e a prática de violação da legalidade a que estão sujeitos, o adequado é reconhecer e efetivar o Direito Penal Juvenil e não negar de forma eufemista a sua existência.

3.4. O Sistema Penal Juvenil previsto no Estatuto da Criança e do Adolescente

Já foi justificado neste trabalho o avanço que significou a aprovação do Estatuto da Criança e do Adolescente, especialmente em relação à história da legislação da infância em nosso país. De outra parte, seu caráter pioneiro – visto que vários países da América Latina neste novo século ainda têm a tarefa de alterar suas legislações – gerou imprecisões no texto da Lei, equívocos que permitem ampla interpretação e que podem significar ausência de instrumentalidade para que se possa fazer aplicar o espírito do legislador.

De acordo com Brandão,[149] para que o princípio da legalidade cumpra sua função, é necessário que o legislador formule leis claras quanto à sua linguagem. No Direito Penal, a falta de clareza na formulação da lei significa uma afronta às garantias dos cidadãos, que ficam sujeitos à instabilidade e à insegurança. O sistema de medidas socioeducativas é claro, mas possui lacunas e amplo espaço para a discricionariedade na aplicação e na execução, gerando também imprecisão na garantia de direitos.

Mendez, referindo-se a Ferrajoli em um de seus textos, afirma:

"(...) a ausência de regras nunca é tal; a ausência de regras é sempre a regra do mais forte. No contexto histórico das relações do Estado e dos adultos com a infância, a discricionariedade tem sempre funcionado de fato e de direito, no médio e no longo prazo, como um mal em si mesmo. Além de incorreta, a visão subjetiva e discricional é miopemente imediatista e falsamente progressista".[150]

A referência citada do autor traduz de forma exemplar a realidade das medidas socioeducativas, em especial a medida de internação. Diante de poucos parâmetros legais expressos no Estatuto da Criança e do Adolescente, a prática efetiva-se de diferentes formas, tanto no campo jurisdicional quanto administrativo, dependendo da interpretação dos vários

---

[149] BRANDÃO, Cláudio. *Introdução ao Direito Penal: análise do sistema penal à luz do princípio da legalidade*, p. 79-83.

[150] MENDEZ, Emílio García. *Adolescentes e Responsabilidade Penal: um debate latino-americano*, p. 14.

operados do sistema, de realidades locais e de algumas construções jurisprudenciais no nível dos Estados federados.

Ocorre que as lacunas e imprecisões da Lei, aliadas à "crise de interpretação" apresentada, acabam por propiciar imprecisões também sobre a necessidade objetiva de respeito a todos os ritos processuais, o que se constitui em prejuízo para os adolescentes imputados. Assim, será abordado a partir de agora como se estrutura o sistema penal juvenil inserido no Estatuto, buscando identificar que problemas existem nesta legislação.

Cabe referir, mais uma vez, que o Estatuto da Criança e do Adolescente estabelece em seu art. 103 que ato infracional é toda conduta descrita como crime ou contravenção penal no conjunto da legislação penal brasileira, estabelecendo, logo a seguir, no art. 104, que, em sendo inimputáveis perante o Direito Penal adultos, os adolescentes que cometerem atos infracionais respondem perante as medias a eles destinadas na Lei especial. Portanto, o sistema punitivo de medidas socioeducativas, conforme é estabelecido no Estatuto, destina-se à aplicação aos adolescentes quando for verificada a prática e a autoria de ato infracional.

As medidas socioeducativas estão previstas e enumeradas, em caráter taxativo, no art. 112 do Estatuto; portanto, é vedada a aplicação de medida ou de repreensão ao adolescente diversa do rol previsto neste artigo da Lei. São elas: advertência, obrigação de reparar o dano, liberdade assistida, liberdade e internação ou privação de liberdade. Os procedimentos reguladores de sua aplicação, por sua vez, estão previstos entre o art. 112 e o art. 125 da mesma Lei.

3.4.1. Medidas socioeducativas em meio-aberto

As quatro primeiras medidas previstas na Lei são aplicadas através de programas de execução em meio-aberto, sem restrição ou privação de liberdade. Equivalem, no sistema penal adulto, às penas alternativas.

Da mesma forma que no conjunto das demais medidas, não há relação prevista no Estatuto da Criança e do Adolescente entre o ato infracional praticado e a medida socioeducativa a ele destinada. No entanto, em interpretação contrária ao art. 122, que estabelece os requisitos para a aplicação da medida de internação, pode-se dizer que as medidas em meio-aberto destinam-se a atos infracionais de natureza leve, sem violência ou grave ameaça à pessoa e destinam-se a adolescentes não reincidentes.

A primeira delas é a advertência (art. 112, I, do ECA). É a medida mais branda prevista na Lei e pode ser aplicada pela autoridade judicial sempre que houver prova da materialidade e indícios de autoria. Constitui-se em admoestação verbal, que será reduzida a termo e assinada em audiência.

Cabe referir que, conforme o art. 114, parágrafo único, no caso da medida de advertência, apenas é exigido indício de autoria. Quanto às demais medidas, de acordo com o *caput* do mesmo artigo, sua aplicação pressupõe prova suficiente da autoria e da materialidade da infração.

Logo a seguir, está prevista a obrigação de reparar o dano (art. 112, II, do ECA), destina-se ao tratamento de atos infracionais com reflexos patrimoniais. A autoridade judicial pode determinar, se for o caso, que o adolescente restitua a coisa, promova o ressarcimento do dano, ou, por outra forma, compense o prejuízo da vítima. Somente havendo manifesta impossibilidade de aplicação e/ou cumprimento desta medida, considerando a condição do adolescente, ela poderá ser substituída por outra.

A prestação de serviços à comunidade (art. 112, III, do ECA), a exemplo de pena alternativa semelhante destinada aos adultos, constitui-se no encaminhamento dos adolescentes a programas comunitários ou governamentais que mantenham convênio com os Juizados da Infância e da Juventude, que possibilitem aos jovens a realização de tarefas adequadas às suas aptidões. Deve ser cumprida em jornada não superior a oito horas semanais, aos domingos, sábados ou dias úteis, de modo a não prejudicar a freqüência à escola ou ao trabalho do adolescente.

O encaminhamento do jovem ao órgão de execução conveniado ocorre após prévia audiência admonitória, na qual recebe orientação do juiz relativa ao cumprimento da medida, à atividade que irá realizar e às suas responsabilidades. Após o prazo do cumprimento da medida, nunca superior a seis meses, faz-se nova audiência de encerramento, levando-se em conta os relatórios sistemáticos produzidos pela entidade executora.

A liberdade assistida (art. 112, IV, do ECA) é considerada a medida socioeducativa que maior alcança sucesso quando aplicada adequadamente. Destina-se a acompanhar, auxiliar e orientar o adolescente, para o que é nomeado pela autoridade judiciária um orientador, o qual poderá ser recomendado por entidade ou programa de atendimento, ou mesmo pode tratar-se de técnico pertencente à equipe interdisciplinar do Juizado da Infância e da Juventude. Ao orientador cabe promover a inserção do adolescente e sua família em programa de auxílio, matricular na escola e acompanhar o desenvolvimento das atividades escolares, além de encaminhá-lo a curso profissionalizante. Enfim, deve constituir-se em referência para o jovem em seu cotidiano, deve traçar junto com ele e a autoridade judiciária um plano de atendimento e acompanhamento, visando a sua inserção social. A liberdade assistida é fixada pelo prazo mínimo de seis meses, podendo a qualquer tempo ser prorrogada, revogada ou substituída por outra medida.

Conforme Sotto Maior,[151] a liberdade assistida oferece melhores condições de êxito porque se desenvolve direcionada a interferir na realidade familiar e social do adolescente, buscando resgatar, mediante apoio técnico, suas potencialidades. Ou seja, o adolescente permanece no contexto de sua comunidade, no entanto sujeito a determinadas regras, as quais têm por objetivo auxiliá-lo na construção de um outro projeto de vida diferente da "carreira infracional".

Estas quatro medidas referidas devem ser executadas em relação próxima com a rede de atendimento das políticas sociais de cada município, por isso e levando-se em conta a diretriz de descentralização do atendimento prevista pelo Estatuto da Criança e do Adolescente compreende-se que tais medidas são de competência de execução dos municípios, devendo cada cidade contar com seu programa municipal de execução de medidas em meio-aberto.

A situação verificada atualmente é de que a maioria dos municípios do país não possui seus programas. Assim, as medidas em meio-aberto são executadas, de forma precária, pelas equipes técnicas dos Juizados. Ou ainda, as autoridades judiciais acabam por aplicar medidas mais graves, não necessárias aos casos concretos, justificando a inexistência de alternativas.

De acordo com Saraiva,[152] a plena realização desse grupo de medidas está diretamente vinculada ao grau de comprometimento do Juizado da Infância e da Juventude da localidade com a efetiva implantação dos programas de execução, bem como com sua utilização enquanto medidas aplicáveis em maior escala. Da mesma forma, a concretização do sistema de meio-aberto depende do engajamento da sociedade e dos demais órgãos estatais nessa proposta. Diferente das medidas privativas de liberdade, em que é claro o entendimento de que a competência da execução é dos órgãos executivos dos Estados Federados, as medidas em meio-aberto fazem parte de uma construção social.

Outra observação importante a fazer é de que o descumprimento injustificado das medidas em meio-aberto enseja a aplicação de medida socioeducativa de internação em caráter de regressão, conforme art. 122, III, do ECA, pelo prazo não superior a 90 dias. Isso significa que adolescentes que não tenham cometido atos infracionais graves, mas que não tenham cumprido adequadamente as medidas em meio-aberto, às vezes pela inadequada execução do programa, podem vir a sofrer uma internação.

---

[151] SOTTO MAIOR, Olímpio. In: CURY, Munir, AMARAL e SILVA, Antônio Fernando e MENDEZ, Emílio García (org.). *Estatuto da Criança e do Adolescente Comentado – Comentários jurídicos e sociais*, p. 340.
[152] SARAIVA, João Batista Costa. *Desconstruindo o Mito da Impunidade – Um ensaio de Direito Penal Juvenil*, p. 76-77.

Trata-se da "internação sanção" pelo descumprimento da medida em meio-aberto, anteriormente aplicada. Conforme Gomes da Costa,[153] observa-se aqui que a intenção do legislador foi de criar uma ação dissuasora em relação à disposição revelada pelo adolescente de não acatar a medida socioeducativa a ele imposta por decisão judicial.

No entanto, nesse aspecto observa-se um vácuo legislativo quanto à previsão expressa no Estatuto da obrigatoriedade de procedimentos como a necessidade de oitiva do adolescente quando da decretação da regressão, a necessidade de presença de advogado, entre outros. Por outra parte, é o entendimento de autores, como Saraiva,[154] que no processo de execução da medida em meio-aberto, como nos demais processo judicial, qualquer incidente envolvendo o adolescente enseja a intervenção obrigatória de defensor. Assim, o descumprimento injustificado e reiterado da medida somente poderia ser apurado e declarado à luz do contraditório.

3.4.2. Medidas Socioeducativas Restritivas ou Privativas de Liberdade

Trata-se, respectivamente, da medida de semiliberdade e da medida de internação. Pode-se dizer que são equivalentes, no sistema penal adulto, aos regimes semi-aberto e fechado, visto que são as medidas previstas no Estatuto da Criança e do Adolescente que implicam institucionalização.

Destinam-se, especialmente a medida de internação, a adolescentes que tenham cometido atos infracionais com violência ou grave ameaça à pessoa, ou ainda tenham praticado atos infracionais reiterados, conforme estabelece o art. 122 do Estatuto. A aplicação dessas medidas, conforme Gomes da Costa,[155] deveria ser norteada pelos princípios de brevidade, enquanto limite cronológico, e excepcionalidade, consagrados no art. 121 do Estatuto, além de respeitada a peculiar condição de pessoa em desenvolvimento do adolescente.

A medida socioeducativa restritiva de liberdade prevista pelo Estatuto é a de semiliberdade (art. 112, V, do ECA). Possui este caráter na medida em que os adolescentes são encaminhados para unidades de atendimento que geralmente não possuem grandes recursos de contenção. Tem a possibilidade de realizar atividades externas, especialmente escolares e

---

[153] GOMES da COSTA, Antônio Carlos. In: CURY, Munir, AMARAL e SILVA, Antônio Fernando e MENDEZ, Emílio García (org.). *Estatuto da Criança e do Adolescente Comentado – Comentários jurídicos e sociais*, p. 376.

[154] SARAIVA, João Batista Costa. *Direito Penal Juvenil – Adolescente e Ato Infracional – Garantias Processuais e Medidas Socioeducativas*, p. 59-60.

[155] GOMES DA COSTA, Antônio Carlos. In: CURY, Munir, AMARAL e SILVA, Antônio Fernando e MENDEZ, Emílio García org. *Estatuto da Criança e do Adolescente Comentado – Comentários jurídicos e sociais*, p. 375.

de profissionalização, de fazer visitas domiciliares e de trabalhar, portanto, busca atingir o objetivo de inserção social do adolescente, ainda que esteja limitada sua liberdade por encontrar-se institucionalizado.

A semiliberdade pode ser determinada desde o início, ou como progressão decorrente da medida de internação. Não tem prazo definido para aplicação nem para duração, tampouco possui critérios claros quanto à sua aplicação, embora a ela apliquem-se, naquilo que seja cabível, os dispositivos previstos para a medida de internação (art. 120, § 2º, do ECA).

Ao comentar este tema referente ao Estatuto da Criança e do Adolescente, Baratta[156] expressou seu entendimento de que a semiliberdade, assim como a internação, deve ser considerada uma resposta em tudo excepcional, mesmo nos casos de graves infrações dos adolescentes. Normal deve ser, segundo o autor, a aplicação das medidas em meio-aberto, por favorecerem a integração social dos adolescentes e compensarem os gravíssimos déficits econômicos e sociais de que são vítimas milhões de crianças e adolescentes no Brasil.

Talvez pelo seu caráter vago, esta medida tem encontrado grande resistência em sua aplicação e execução, sendo que, em poucos Estados do Brasil, encontram-se programas executados com sucesso. Não é muito aplicada também porque, nos casos concretos, a semiliberdade, comparando-se com a medida de internação, geralmente não corresponde à expectativa do Poder Judiciário em relação à contenção e ao caráter retributivo, ou ainda, à expectativa da comunidade, em razão do apelo punitivo que, em geral, faz parte do contexto em que a medida está sendo aplicada.

A medida socioeducativa mais rígida prevista pelo Estatuto é a internação ou a privação de liberdade (art. 112, VI, do ECA), também a que possui maior previsão legal sobre critérios para sua aplicação e modelo de sua execução (arts. 121 a 125 do ECA). Como já foi visto, destina-se restritivamente a adolescentes que tenham cometido atos infracionais com violência ou grave ameaça à pessoa, reiteração de atos infracionais graves ou descumprimento de outras medidas, que é o caso da regressão do meio-aberto, prevista pelo prazo máximo de 90 dias. Não tem prazo definido, nem proporcionalidade prevista com relação aos tipos de atos infracionais praticados, tendo apenas a definição de tempo máximo de três anos (art. 121, § 3º, do ECA) e a previsão de liberdade compulsória ao completar 21 anos (art. 121, § 5º, do ECA). Pode ser aplicada com a possibilidade ou não da realização de atividades externas, devendo tal restrição estar expressa na sentença que determina sua aplicação (art. 121, § 1º, do ECA).

---

[156] BARATTA, Alessandro. In: CURY, Munir, AMARAL e SILVA, Antônio Fernando e MENDEZ, Emílio García org. *Estatuto da Criança e do Adolescente Comentado – Comentários jurídicos e sociais*, p. 372.

Cabe referir que talvez um dos problemas maiores do Estatuto esteja exatamente na redação do art. 122. Quando trata dos requisitos para internação, já referidos, permite, pelo seu caráter subjetivo, vasta interpretação. Assim, "grave ameaça à pessoa" é uma expressão que não vincula, necessariamente, ao capítulo do Código Penal de crimes contra a pessoa. Quanto ao outro requisito, "reiteração de atos infracionais graves", permite diversas leituras do que seja a gravidade dos atos infracionais, desde crimes contra o patrimônio, como reiterados furtos, ou até mesmo ameaça. Sendo assim, sua aplicação torna-se subjetiva.

Por outro lado, sua utilização é praticamente facultativa ao juiz, na medida em que o Estatuto prevê, expressamente, que, quando houver uma outra medida mais adequada, ela não deve ser aplicada (art. 122, § 2º, do ECA). Ainda assim, deve observar o critério de brevidade, excepcionalidade e respeito à condição peculiar de pessoa em desenvolvimento. A avaliação de cada adolescente pela autoridade judiciária deve ocorrer dentro do prazo máximo de seis meses, sendo possibilitada sua progressão para medidas em meio-aberto, ou mesmo a execução de internação com possibilidade de atividade externa.

As limitações definidas na Lei, embora claras, têm caráter vago, e na conjuntura atual brasileira têm permitido a adoção de diversos critérios por parte das justiças especializadas na aplicação da medida de internação, permitindo, conforme Beloff,[157] a adoção da privação de liberdade em praticamente todos os casos de adolescentes infratores. Nesse sentido, discute-se a necessidade de uma Lei de Execução de medidas socioeducativas, a qual teria o papel de uniformização mínima de critérios para a interpretação do Estatuto, assim como contribuiria com a redução do caráter discricionário em sua aplicação.

É oportuno abordar acerca da aplicação temporal das medidas socioeducativas, em especial da medida de internação. Como o Estatuto não estabelece penas correspondentes aos atos infracionais praticados, sua aplicação ocorre por tempo indeterminado, estando sempre sujeita à avaliação judicial. Este aspecto pode-se dizer que, em sentido estrito, é contrário ao princípio da legalidade,[158] pois não delimita tempo para a execução das sanções aplicadas, nem proporcionalidade entre delitos e penas, estabelecendo apenas alguns delimitadores de tempo. Como por exemplo: tempo máximo para a prestação de serviços à comunidade de seis meses (art.117 do ECA), tempo mínimo para a liberdade assistida de

---

[157] BELOFF, Mary. Os Sistemas de Responsabilidade Penal juvenil na América Latina. In: MENDEZ, Emílio García e BELOFF, Mary, *Infância Lei e Democracia na América Latina*, vol. 1, p. 121.

[158] Nesse sentido foi a argumentação de Beccaria no capítulo "Proporção entre Delitos e Penas", In: BECCARIA, Cesare. *Dos Delitos e das Penas*, p. 37-39.

seis meses (art. 118, § 2°, do ECA), tempo máximo da internação provisória para conclusão de procedimento de apuração de quarenta e cinco dias (art. 183 do ECA), tempo máximo para a regressão do meio-aberto de noventa dias (art.122, § 1°, do ECA) e tempo máximo para a internação de três anos (art. 121, § 3°, do ECA).

Para Mendez,[159] ao comentar o Estatuto logo após a sua aprovação em 1992, o caráter indeterminado da privação de liberdade previsto não deveria ser confundido com o caráter indeterminado das sentenças em geral do velho direito tutelar, em que se traduzia em uma medida de proteção abstrata da sociedade, e não em punição concreta dos indivíduos. No caso da atual legislação, o caráter indeterminado deveria funcionar em favor da proteção integral da pessoa em desenvolvimento, tendo como limite máximo taxativo os três anos de internação.

Brandão,[160] ao tratar de situação semelhante, refere que, em função de uma lacuna da lei, busca-se uma solução utilizando-se de um argumento de semelhança, e a isso o autor chama de interpretação analógica. No entanto, a lei penal deve ser interpretada de forma restrita, não se admitindo o procedimento de analogia. Trata-se, assim, de uma garantia decorrente do princípio da legalidade, especialmente aquela praticada em prejuízo do réu (*in malam partem*). A analogia *in bonam partem* é permitida porque não tolhe a liberdade humana.

Dito com outras palavras, trata o pensamento de Mendez do que Luisi[161] denomina princípio da pessoalidade e individualização da pena, segundo o qual a individualização a ser praticada pelo Judiciário deve estar restrita a determinadas regras, mas mesmo assim enseja ao juiz uma indiscutível discricionariedade. Trata-se, conforme o autor, de uma discricionariedade juridicamente vinculada, visto que o juiz está preso aos parâmetros que a lei estabelece. Dentro deste processo de individualização se insere o princípio da proporcionalidade. A gradação da sanção penal se faz tendo como parâmetro a relevância do bem jurídico tutelado e a gravidade da ofensa contra ele dirigida e deve ser fixada, pois, tanto na espécie quanto em seu quantitativo, de forma proporcional. Por outra parte, o concreto da pessoa contra quem será aplicada a pena tem fundamental importância e deve ser levado em conta, o que se constitui no que o autor chama de subjetivismo criminológico.

---

[159] MENDEZ, Emílio García. In: CURY, Munir, AMARAL e SILVA, Antônio Fernando e MENDEZ, Emílio García (org.). *Estatuto da Criança e do Adolescente Comentado – Comentários jurídicos e sociais*. São Paulo, Malheiros, p. 374.

[160] BRANDÃO, Cláudio. *Introdução ao Direito Penal: análise do sistema penal à luz do princípio da legalidade*, p. 76-78.

[161] LUISI, Luiz. *Os princípios constitucionais Penais*, p. 36-40.

No entanto, após alguns anos de vigência e aplicação dos novos sistemas penais juvenis na América Latina, afirma Beloff[162] que as medidas previstas aos adolescentes infratores, por serem sanções, deveriam ser estabelecidas por tempo determinado e em função do fato cometido. Sendo que as circunstâncias pessoais dos autores somente podem operar para reduzir a gravidade da sanção imposta.

Os sistemas legislativos elaborados depois do Estatuto da Criança e do Adolescente brasileiro, em especial a Lei de Justiça Penal Juvenil da Costa Rica, segundo o levantamento feito pela autora,[163] já estabelecem requisitos mais limitados para a aplicação da medida privativa de liberdade, relacionando a gravidade da infração praticada com determinadas graduações temporais limitadoras e relacionando, ainda, tais tempos taxativos às penas previstas para os adultos na legislação respectiva penal.

Especialmente em relação ao módulo máximo previsto para a medida de internação, de três anos, a redação ampla adotada pelo legislador brasileiro permite diferentes interpretações. Nesse caso, há juízes que interpretam simplesmente como a soma total de períodos de internação, e há outros que consideram que na existência de outros atos infracionais praticados pelo mesmo adolescente, se anteriores à internação, unificam-se os processos em uma mesma execução, a qual deverá ter o tempo máximo previsto de três anos. Sendo que, nos casos de atos infracionais no decorrer da execução em andamento, estes inauguram a contagem de novos módulos de três anos.[164]

Ainda no caso da hipótese de regressão de medida não cumprida em meio-aberto, como já foi referido, o prazo máximo previsto é de noventa dias (art. 122, inc. III, § 1º, do ECA), no entanto, torna-se possível a interpretação deste dispositivo de diferentes formas: seja entendendo que a soma de períodos de regressão corresponde a noventa dias, seja aplicando noventa dias a cada nova regressão, seja extinguindo o processo após o cumprimento da regressão, seja mantendo o adolescente em alguma das medidas em meio-aberto após o cumprimento da regressão, estando, portanto, sujeito à nova regressão.

Na prática, essas situações caracterizam-se como uma falta de garantia, pois dependendo do juiz, do adolescente ou das circunstâncias, o tempo final de privação de liberdade será um diferente de outro. Conforme nossa Constituição Federal, todos são iguais perante a Lei. Tendo este

---

[162] BELOFF, Mary. Os Sistemas de Responsabilidade Penal juvenil na América Latina. In: MENDEZ, Emílio García e BELOFF, Mary. *Infância Lei e Democracia na América Latina*, vol. 1, p. 135.

[163] Idem, p. 131.

[164] Entendimento, por exemplo, do Juiz de Direito João Batista Costa Saraiva, manifestado em sua obra: SARAIVA, João Batista Costa. *Direito Penal Juvenil, Adolescente e ato infracional, garantias processuais e medidas socioeducativas*, p. 112-114.

preceito como um "dever ser", que se deve buscar cotidianamente efetivar, não é possível que a ausência de norma possibilite tamanha atuação discricionária que diferencie em tal proporção cada um dos cidadãos perante a atuação estatal.

3.4.3. Remissão

Além da aplicação das medidas socioeducativas, precedidas do devido processo legal, o Estatuto da Criança e do Adolescente tem previsto em seu art. 126 a figura da remissão. Conforme a Lei, na fase pré-processual, antes de iniciar o procedimento de apuração do ato infracional, o Ministério Público poderá conceder a remissão como forma de exclusão do processo sem implicação do reconhecimento de responsabilidade por parte do adolescente, e tal procedimento deverá contar com homologação por parte do juiz. Ainda, a Lei tornou possível a concessão da remissão após ter iniciado o processo, enquanto decisão da autoridade judiciária, implicando, neste caso, suspensão ou extinção do processo.

A aplicação desse instituto não caracteriza a figura de antecedentes na trajetória do adolescente, no entanto, pode ser aplicada cumulativamente com o conjunto de medidas socioeducativas em meio-aberto, ainda assim dispensando a realização do processo de apuração do ato infracional.

Conforme refere Saraiva,[165] a remissão buscou trazer agilidade ao sistema de apuração de ato infracional previsto no Estatuto,[166] sendo tal inovação seguida posteriormente pelo sistema penal adulto através da Lei 9.099, de 1995, que constituiu o direito de transação no Direito Penal brasileiro. Conforme o autor, o instituto da remissão encontra sua origem no texto das "Regras Mínimas Uniformes das Nações Unidas para a Administração da Justiça de Menores", conhecido documento internacional como "Regras de Beijing". De outra parte, tem sua origem doutrinária, diz o autor, no instituto norte-americano *probation*, o que caracteriza sua natureza de transação, e não de perdão ou concessão.

Também nestes casos, a medida aplicada a título de remissão pode ser revista a qualquer tempo pela autoridade judicial, inclusive aplicando regressão, conforme o art. 122, III, do ECA. Neste caso constitui-se uma aberração Constitucional, visto que a medida em meio-aberto que ensejou a regressão foi aplicada sem processo de conhecimento. Mesmo que o seja pelo prazo máximo de noventa dias, a internação sanção pelo não-cumpri-

---

[165] SARAIVA, João Batista Costa. *Direito Penal Juvenil – Adolescente e Ato Infracional – Garantias Processuais e Medidas Socioeducativas.*, p. 56 – 60.
[166] O Processo de apuração de ato infracional previsto no Estatuto da Criança e do Adolescente será abordado com profundidade no próximo capítulo.

mento constitui-se em privação de liberdade, portanto, ausente o respeito ao art. 5º da Constituição Federal.

Beloff aprofunda o tema, dizendo que, com relação às formas antecipadas de terminação do processo, ou de derivação para instâncias não judiciais, é importante reiterar que, se tais opções derivam na adoção de alguma medida que corresponda à sanção, deverá haver o máximo de cuidado para que não sejam afetadas as garantias básicas do jovem infrator. O consentimento e a assistência jurídica constituem elementos fundamentais. Afirma a autora:

> "A lógica é sempre a mesma. Se o Estado renuncia à intervenção coercitiva, então o episódio não implicará nenhuma modificação ou intervenção na vida do jovem e de sua família. Se existe alguma modificação ou intervenção estatal (no sentido amplo), então deve-se recorrer a todas as garantias para que esta intervenção seja realizada no marco da legalidade".[167]

Trata-se, segundo Lopes Junior,[168] do princípio da necessidade da pena em relação ao processo, para o qual a verdadeira essência do Direito Penal está na pena e a pena não pode prescindir do Processo Penal. Para o autor, o monopólio de aplicação da pena pelos órgãos judiciais representa um enorme avanço para a humanidade e, nesse sentido, identifica-se o caráter instrumental e público do Processo Penal, ou seja, o caminho para a aplicação da pena.

Portanto, a aplicação da internação sanção, ou regressão, decorrente do descumprimento injustificado de medida em meio-aberto, sendo esta aplicada, na origem, de forma culminada com a remissão, portanto, como resultado de transação entre o adolescente e o representante do Ministério Público, sendo dispensado o devido processo legal, constitui-se em uma das maiores fragilidades contidas no Estatuto da Criança e do Adolescente. Trata-se de um desrespeito ao próprio espírito da Lei, identificado com o princípio da legalidade e suas decorrências.

---

[167] BELOFF, Mary. Os Sistemas de Responsabilidade Penal juvenil na América Latina. In: MENDEZ, Emílio García e BELOFF, Mary, *Infância Lei e Democracia na América Latina*, vol. 1, p. 134.
[168] LOPES JUNIOR, Aury. *Sistemas de Investigação preliminar no Processo Penal*, p. 9.

Capítulo IV

Processo Penal como instrumento de garantias

4.1. Constitucionalização do Processo

Em razão de inadequada interpretação do Estatuto da Criança e do Adolescente, já abordada neste livro, costuma-se desconsiderar a existência de um Direito Penal juvenil. Disso decorre a interpretação de que não é necessário o rigoroso respeito às garantias e aos ritos processuais na aplicação das medidas socioeducativas. Sendo assim, o processo perde sua função essencial de instrumentalidade na limitação do poder do estado de punir.

Assim como a história do Direito Penal até a modernidade, ou até o surgimento do princípio da legalidade, é uma história de horrores, a história do Processo Penal é caracterizada por sucessivos erros, expressos cada vez em que se fez uso, em diferentes modelos de estado e sociedade, de medidas instrutórias diretamente aflitivas.

A titularidade do direito de punir do estado surgiu historicamente quando foi superada a vingança privada, e o monopólio da justiça passou a ser estatal. Frente a um bem jurídico violado, coube a tutela estatal. A evolução do Processo está relacionada com a evolução da pena, e esta, por sua vez, com a estrutura de estado em cada período histórico determinado. A pena estatal está marcada pela limitação ao direito estatal de punir, o qual se faz através do processo.

Conforme afirma Ferrajoli,[169] o processo e a pena justificam-se enquanto técnicas de minimização da reação social frente ao delito, de minimização da violência, mas também de controle sobre o arbítrio do poder estatal.

O Processo Penal diferencia-se das outras formas de justiça sumária porque, da mesma forma que o Direito Penal, tem dupla função preventiva. Ou seja, de um lado, tem por atribuição o castigo dos culpados; de outro,

---

[169] FERRAJOLI, Luigi. *Derecho y razón.Teoria del Garantismo Penal*, p. 603-606.

tem a responsabilidade da tutela dos inocentes, sendo esta segunda função a base de todas as garantias.

Diz Dinamarco[170] que, através da legislação constitucional e específica no campo do Processo Penal, o estado compromete-se em abster-se da autotutela, submetendo-se ele próprio a proceder o exame da situação em questão, através da jurisdição. No exercício da jurisdição, reprime a si próprio quanto à emissão de atos imperativos, sem ter dado oportunidade de defesa ao imputado. Institui e observa as normas para o exercício da jurisdição.

Existe, portanto, nexo entre as garantias penais, que subordinam a pena à existência dos pressupostos substanciais do delito, e a correspondente necessidade de um juízo de imparcialidade, veracidade e controle. Sem seu efeito, o juízo e a pena estariam afastados dos limites da legalidade preestabelecidos.

A principal garantia processual é a jurisdicionalidade e tem equivalência direta com a legalidade.[171] O juízo vem requerido pelo conjunto das garantias penais, ou substanciais, e é o juízo, por sua parte, que reclama todo o conjunto de garantias processuais, ou instrumentais.

É o nexo específico entre legalidade e jurisdicionalidade que garante o caráter cognitivo do sistema penal. São complementares e garantem a função utilitária do Direito Penal de prevenção geral, e especialmente previnem a vingança privada, transferindo a tarefa exclusiva de aplicação da pena para o poder judiciário.

Leone[172] aborda acerca da instrumentalidade do Direito Processual Penal, exemplificando que, no caso do direito privado, este se realiza na vida das pessoas independentemente da intervenção do estado. Já o Direito Penal só se realiza através da aplicação da pena, e esta só se aplica mediante um processo.

Afirma o autor que é inaceitável a aplicação de uma pena, enquanto monopólio estatal, sem a antecedência de um processo completo e válido. A razão básica da existência do processo é sua instrumentalidade: não é possível a aplicação da reprovação estatal sem processo, nem mesmo no caso do consentimento do acusado.

Nas palavras de Leone "(...) el derecho subjetivo de castigar surge, no del delito, sino de la sentencia".[173] A pena, assim, não só é o efeito jurídico do delito, mas o efeito do processo, pois o objetivo deste, para o

---

[170] DINAMARCO, Candido Rangel. *A Instrumentalidade do Processo*, p. 82.

[171] FERRAJOLI, Luigi. *Derecho y Razón. Teoria del Garantismo Penal*, p. 537-538.

[172] LEONE, Giovanni. *Tratado de Derecho Procesal Penal*. Vol. 1. Tradução Santiago Sentís Melendo, p. 6-7.

[173] Idem, p. 8.

autor, é obter a providência judicial definitiva em relação à notícia de delito. Por outra parte, o processo não é efeito do delito, mas da necessidade de impor a pena ao delito, por seu intermédio. Portanto, conclui Lopes Junior,[174] não há pena sem processo nem sem delito, nem delito sem pena, nem Processo Penal a não ser para determinar uma pena correspondente a um delito.

Com outro enfoque, afirma Dinamarco,[175] o processo é um meio, não só para chegar-se a um fim próximo, que é o próprio julgamento e a aplicação da pena, mas um fim remoto, que é a segurança constitucional da garantia dos direitos individuais e da própria legalidade. Portanto, a instrumentalidade do processo define-se a partir de não encará-lo como um fim em si mesmo, mas um fim além de jurídico, um fim social e político.

Para o autor,[176] a visão instrumentalista favorece as preocupações com o interesse público no efetivo e adequado exercício da jurisdição, o que se sobressai em relação aos interesses dos indivíduos em conflito. Cada ato do processo, portanto, deve ter uma justificativa frente ao direito material, à sociedade e ao estado. O Processo Penal está a serviço do Direito Penal e de sua aplicação, não de forma restrita ao campo dogmático do direito material, mas como fim de proteção do indivíduo, frente ao *jus puniendi* do Estado e, portanto, instrumento de proteção dos direitos e garantias individuais.

Sendo assim, afirma Lopes Junior,[177] o Processo Penal tem um duplo fundamento que justifica sua existência: instrumentalidade e garantismo. Por meio desses dois postulados, realiza-se a dupla função do Direito Penal, torna viável a aplicação da pena, e, de outro lado, serve como efetivo instrumento de garantia dos direitos e liberdades individuais, protegendo os indivíduos dos atos abusivos do estado no exercício dos direitos de perseguir e punir.

Esta função essencial ocupada pelo Processo Penal no contexto social da modernidade foi aprofundada por Carnelutti ao identificar as misérias e os limites do processo frente ao ideal civilizatório da humanidade. Dizia o autor que,

> "o Processo Penal é a pedra de toque da civilização não apenas porque o delito, de diferentes maneiras e em diferentes intensidades, é o drama da inimizade e da discórdia, mas porque ele representa a relação entre quem o comete e aqueles que assistem à sua perpetuação".[178]

---

[174] LOPES JUNIOR, Aury. *Sistemas de Investigação preliminar no Processo Penal*, p. 6 -13.
[175] DINAMARCO, Candido Rangel. *A Instrumentalidade do Processo*, p. 25.
[176] Idem, p. 55.
[177] LOPES JUNIOR, Aury. Op. cit., p. 20.
[178] CARNELUTTI, Francesco. *As Misérias do Processo Penal*, p. 4.

Portanto, o Processo Penal, enquanto instrumento, está a serviço de limitar a atuação punitiva tanto do estado como da sociedade. Dependendo do contexto social em que foi cometido o delito, das relações históricas e políticas que determinam a interface entre quem o pratica e o restante das pessoas, o Processo Penal é utilizado, em maior ou menor medida, como regulador dessas relações. Não restam dúvidas de que a aplicação do conjunto de garantias processuais, portanto a garantia dos direitos individuais frente ao estado, está na base do Estado Democrático de Direito.

Uma vez constatada a violação de uma norma penal, o *jus puniendi* do estado, em abstrato previsto no ordenamento jurídico, transforma-se em direito concreto de punir, dando origem à pretensão punitiva do estado. No entanto, no Estado Democrático de Direito, esta punição não é exercida de forma direta, depende da instauração do devido processo legal, portanto, de uma relação jurídica, limitada pelas garantias legais.

O Processo Penal é uma das expressões da cultura de um povo, e os princípios de política processual de uma nação refletem a política estatal em geral. Conforme Goldschmidt, "a estrutura do Processo Penal de uma nação não é senão o termômetro dos elementos corporativos ou autoritários de sua Constituição".[179] Num Estado Democrático de Direito, não podemos tolerar um Processo Penal autoritário e típico de um estado-policial, pois o processo deve adequar-se à Constituição, e não vice-versa.

A respeito da relação existente entre constitucionalidade e instrumentalidade processual é cabível ilustrar com a abordagem de Dinamarco,[180] na qual o autor enfoca a preocupação com os valores consagrados constitucionalmente, como liberdade e igualdade, transcendentes do valor maior de justiça. A relação entre processo e Constituição remete a dois caminhos: no sentido Contituição-processo, tem-se a tutela constitucional sobre todos os princípios processuais que devem ser respeitados; no sentido processo-Constituição, tem-se a jurisdição constitucional, voltada ao controle constitucional das leis e à preservação das garantias oferecidas pela Constituição.

Esta seria, na concepção de Wunderlich,[181] a linha doutrinária contemporânea que entende a Constituição como Lei suprema do Processo Penal e o Processo Penal como instrumento de efetivação das garantias constitucionais. O Processo deve refletir as bases do regime democrático

---

[179] GOLDSCHMIDT, James. *Principios Generales del Proceso – Problemas Juridicos y Politicos del Proceso Penal*, p. 67.

[180] DINAMARCO, Candido Rangel. *A Instrumentalidade do Processo*. 8º ed., p. 25.

[181] WUNDERLICH, Alexandre. Por um Sistema de Impugnações no Processo Penal constitucional Brasileiro: Fundamentos para (Re)Discussão. In: WUNDERLICH, Alexandre org. *Escritos de Direito e Processo Penal em homenagem ao professor Paulo Cláudio Tovo*, p. 23-24.

e ser o microcosmos do Estado Democrático de Direito, com liberdade, igualdade e participação, em clima de legalidade e responsabilidade.

No caso do Estatuto da Criança e do Adolescente, o respeito ao devido processo é um instrumento de garantia da aplicação da Lei especial, de acordo com sua concepção doutrinária, pois é uma forma de efetivar-se o modelo previsto de "direito penal mínimo" nela contido. No decorrer do rito processual, é possível buscar a efetivação das garantias individuais que estão previstas no ordenamento jurídico, todas, as quais, de origem constitucional.

4.2. Sistemas processuais e modelo processual garantista

Os diversos ramos do Direito organizam-se a partir de sistemas, os quais são constituídos a partir de princípios unificadores. Para abordar conceitualmente o sistema processual penal, como função efetiva instrumental de garantia de direitos, faz-se necessário identificar os diferentes modelos sistêmicos de Processo Penal.

Os sistemas processuais penais conhecidos historicamente são o modelo acusatório e o modelo inquisitório. Embora esta diferenciação teórica e histórica, algumas características fundamentais que definem um e outro modelo não se apresentaram dessa forma historicamente, fato que algumas vezes gera confusão na compreensão das diferenças entre os dois modelos.

Conforme ensina Ferrajoli,[182] a seleção dos elementos essenciais dos dois modelos está condicionada a juízos de valor, os quais estabelecem nexo entre o sistema acusatório e o modelo garantista de Direito Penal, e entre o sistema inquisitório e o modelo autoritário de eficácia repressiva, respectivamente.

Importa referir que as características essenciais de cada um dos modelos, na prática, nunca aparecem em seu estado puro. Muitas características de um e de outro modelo aparecem de forma universal nos ordenamentos jurídicos modernos, no entanto a separação entre os modelos puros é útil como referência para análise dos sistemas em concreto.

4.2.1. Histórico

A doutrina em geral reconhece a história do Processo Penal desde a antiguidade, especialmente na Grécia e na Roma antigas, refere como época característica do sistema inquisitório a Idade Média e, finalmente, define como marco da retomada do sistema processual acusatório a Modernidade.

---
[182] FERRAJOLI, Luigi. *Derecho y razón.Teoria del Garantismo Penal*, p. 562-567.

Prado,[183] por sua vez, fez o resgate histórico do Processo Penal na Antiguidade referindo que entre as primeiras sociedades organizadas está o Egito, enfatizando que em seu sistema processual apareciam características embrionárias do processo inquisitório, especialmente quanto à iniciativa da persecução penal, que cabia ao governo absolutista, de domínio e inspiração sacerdotal. Já na Palestina,[184] outros princípios ganharam evidência, especialmente a regra embrionária de que ninguém podia ser preso e nem condenado pelo dito de uma só testemunha, nem tampouco por apenas conjecturas acusatórias.

De outra parte, aborda o autor[185] acerca da importância que teve a sociedade grega na criação de práticas processuais que se identificavam em maior medida com o modelo acusatório de processo. Questões como a existência de um Tribunal Popular, conforme o princípio vigente naquele contexto social de soberania do povo; acusação popular, como faculdade disponibilizada a qualquer cidadão do povo; igualdade entre acusador e acusado, que em geral permanecia em liberdade durante o julgamento; publicidade e oralidade do juízo, em debate contraditório entre acusador e acusado perante o Tribunal e na presença do povo. Por outro lado, também na Grécia Antiga era admitida a tortura como meio de realização probatória.

Manzini[186] refere-se, mais especificamente, ao Processo Penal na Roma Antiga. Conforme o autor, o Estado romano poderia atuar como árbitro entre os litigantes ou como titular da pretensão de castigar, representando o interesse social. Essas duas formas de intervenção derivaram o Processo Penal privado e o Processo Penal público. O primeiro logo se tornou restrito por não se adaptar à natureza das relações penais. Já no Processo Penal público, em que o Estado tomava para si inclusive as tarefas de investigação e acusação, existiam duas formas de atuação: o *cognitio* e o *accusatio*. No *cognitio*, mais antigo no Direito Romano, toda a função processual estava recomendada aos órgãos do Estado. Já no *accusatio*, que surgiu no último século da República Romana, a tarefa de acusar, em nome do interesse público, era assumida espontaneamente por um cidadão privado.

O modelo acusatório, com o andar do tempo, não se mostrou eficiente para as novas exigências de repressão da delinqüência. Embora durante o Baixo Império a regra principal foi de que o procedimento ordinário exigia

---

[183] PRADO, Geraldo. *Sistema Acusatório – A conformidade Constitucional das Leis Processuais Penais*, p. 66-67.

[184] Idem, p. 78.

[185] Idem, p. 80.

[186] MANZINI, Vincenzo. *Tratado de Derecho Procesal Penal*. Tradución de Santiago Sentis Melendo y Mariano Ayerra Redín, p. 3-7.

um acusador voluntário, a prática encarregou-se de procurar recursos mais eficazes, e, assim, os poderes do magistrado foram invadindo cada vez mais a esfera de atuação do acusador privado, até chegar ao extremo de que as tarefas de acusação e julgamento foram reunidas no mesmo órgão de estado e na pessoa do magistrado.

Ferrajoli[187] resume as características do período antigo afirmando que, nessa época, o processo tinha estrutura essencialmente acusatória, muito embora a titularidade da acusação estivesse, por longo tempo, em âmbito privado. Algumas características clássicas do sistema acusatório estavam presentes como a discricionariedade da ação, a carga acusatória da prova, a natureza do processo como controvérsia baseada na igualdade das partes, a atribuição a estas de toda a carga de provas, a publicidade e oralidade do juízo, o papel arbitrário e reservado ao juiz e, ainda, a sua característica popular.

No entanto, as primeiras características do processo inquisitório também tiveram sua origem no período do Império Romano. Isso ocorreu, conforme Prado,[188] especialmente durante o processo de invasão pelos povos Bárbaros. Para o autor houve um entrelaçamento entre o Direito Romano e o Direito Germânico, possibilitando um processo de absorção e adaptação recíprocas, constituindo o Direito Romano-canônico e influenciando o direito de todo o continente europeu.

Por influência da Igreja,[189] que passou a enxergar a partir do crime uma possibilidade de salvação da alma, o magistério punitivo foi, então, utilizado como expiação das culpas, não sendo suficiente o arrependimento perante Deus, mas necessária a penitência. Assim, os séculos XIII e XIV marcaram o início da predominância do modelo inquisitorial com a utilização da tortura como procedimento científico de investigação, ainda que convivessem com tal modelo algumas características acusatórias.

Conforme Ferrajoli,[190] quando o direito do soberano era ofendido, a parte prejudicada identificava-se com o próprio estado, o processo inquisitório era decidido *ex officio*, em segredo e sob documentos escritos, baseado na detenção do acusado e na sua utilização como prova. A inquisição ganhou força nos processos de crimes de lesão à majestade e nos processos eclesiásticos, por delitos de heresia e bruxaria, onde o ofendido era Deus. Nestes casos a acusação era obrigatória e pública, não era tolerado o contraditório, sendo exigida a colaboração forçada do acusado.

---

[187] FERRAJOLI, Luigi. *Derecho y razón. Teoria del Garantismo Penal*, p. 562-567.

[188] PRADO, Geraldo. *Sistema Acusatório – A conformidade Constitucional das Leis Processuais Penais*, p. 87.

[189] Idem, p. 88.

[190] FERRAJOLI, Luigi. Op. cit., p. 562-567.

Aos poucos, então, o processo inquisitório assumiu caráter ordinário e, durante cinco séculos, espalhou-se pela Europa, fazendo da doutrina do Processo Penal uma espécie de ciência dos horrores.

A herança do pensamento da Idade Média não desapareceu completamente, mas o pensamento iluminista, desde os séculos XVII e XVIII, ocupou-se em denunciar a tortura e as características despóticas da inquisição, iniciando o período moderno de administração da justiça e amenizando-se, gradativamente, as características inquisitoriais dos procedimentos penais.

A Revolução Francesa, marco dessa nova etapa histórica, e, especialmente, o Código Napoleônico de 1804 fizeram surgir o processo denominado misto. Trata-se, conforme Prado,[191] do disciplinamento do Processo Penal em duas fases. Na primeira fase, denominada instrução, prevaleceram características inquisitivas, como o fato de proceder-se secretamente, sob o comando de um delegado ou de um juiz, designado juiz instrutor, tendo por objetivo pesquisar as infrações penais de maneira a preparar o caminho para a ação penal. Na segunda fase, chamada de juízo, todas as atuações realizavam-se publicamente perante um tribunal colegiado de júri, com controvérsia e debate entre as partes, no maior nível possível de igualdade.

Este modelo misto espalhou-se pelas legislações da Europa, deixando sólidas raízes no mundo ocidental em todo o século XX e prevalecendo em muitos textos da legislação da atualidade.

4.2.2. Sistema inquisitório

Para Manzini,[192] a definição conceitual do sistema processual inquisitório não está descolada do contexto histórico em que surgiu e nem das necessidades sociais a que teve por objetivo responder. Nesse sentido, afirma o autor, que o processo inquisitório desenvolveu-se como uma necessidade social a partir da prática romana do processo de modelo predominantemente acusatório. Oferecia melhores meios e estava de acordo com a realidade política dos tempos em que o poder se concentrava nas mãos dos príncipes, que acumulavam as funções de legislar, de dispensar a aplicação das leis ou de aplicá-las de acordo com seus interesses.

Como características desse modelo processual, o autor refere[193] o caráter escrito e secreto, mais minucioso e longo que o processo acusatório. Era aberto com uma denúncia, que poderia ser oral ou escrita, privada

---

[191] PRADO, Geraldo. *Sistema Acusatório – A conformidade Constitucional das Leis Processuais Penais*, p. 100.

[192] MANZINI, Vincenzo. *Tratado de Derecho Procesal Penal*. Tradución de Santiago Sentis Melendo y Mariano Ayerra Redín, p. 49-50.

[193] Idem, p. 58-70.

ou pública, assinada ou anônima, sendo que o denunciante, ao contrário do acusado, não tinha qualquer obrigação de provar os fatos denunciados. A custódia preventiva ficava ao encargo do juiz, a quem também competia conduzir a realização do interrogatório, durante o qual era costumeira a utilização da tortura como forma de obtenção da confissão.

Prado,[194] resgatando as definições que a doutrina em geral faz acerca do sistema inquisitório, refere enquanto características desse sistema a concentração das três funções do Processo Penal – acusar, defender e julgar – o que faz com que o processo seja unilateral por parte de um juiz com atividade multiforme. Trata-se de um procedimento secreto, sem contraditório, quase sempre marcado pela prisão provisória e pela disparidade de poderes entre o "juiz-acusador" e o acusado. Sua forma, em geral, é escrita, sendo excluída a possibilidade de juízes populares. A preocupação central é com a obtenção da verdade real, via de regra a partir da confissão do acusado, mesmo que haja liberdade do juiz em buscar a produção de outras provas.

Ferrajoli,[195] por sua vez, considera inquisitório todo o sistema processual em que o juiz procede de ofício a busca e a valoração de provas, chegando ao juízo depois de uma instrução escrita e secreta, da qual está limitado o contraditório e o direito de defesa. O sistema inquisitório, para o autor, tende a privilegiar estruturas judiciais burocratizadas e procedimentos fundamentados no poder de instrução do juiz.

Conforme Carnelutti,[196] a missão do Processo Penal em geral consiste em estabelecer se o acusado é inocente ou culpado. Para isso importa descobrir se aconteceu ou não um fato. Este fato pertence à História. Chama o autor de História "o caminho que os homens e a humanidade percorrem do nascimento à morte". No mesmo sentido, continua afirmando, "as provas servem para que se volte ao passado para se reconstruir a história".

Portanto, a função do processo para o autor está na reconstrução de um fato pretérito, "o crime". Tal tarefa efetiva-se através do rito processual, que possibilita a reconstituição de uma verdade processualmente válida, e através das provas, que conduzem à reconstrução do fato pretérito.

Tendo como pano de fundo o conceito de Carnelutti, Coutinho[197] afirma que a diferenciação entre os dois modelos processuais faz-se através de princípios unificadores, determinados pelo critério de gestão de prova, ou seja, pela responsabilidade atribuída a cada um dos atores, em cada modelo de processo, pela produção de provas.

---

[194] PRADO, Geraldo. *Sistema Acusatório – A conformidade Constitucional das Leis Processuais Penais*, p. 96.

[195] FERRAJOLI, Luigi. *Derecho y razón. Teoria del Garantismo Penal*, p. 562-567.

[196] CARNELUTTI, Francesco. *As Misérias do Processo Penal*. p. 45-46.

[197] COUTINHO, Jacinto Nelson Miranda. Introdução aos Princípios Gerais do Direito Processual Penal Brasileiro. In: *Revista de Estudos Criminais* do ITEC, vol. 1, p. 28-29.

Os sistemas inquisitórios têm como principal característica a concentração de poder no juiz, o qual é detentor da gestão da prova, a ele cabendo inclusive a iniciativa desta. Nesse sentido, conforme o autor, "a característica central do sistema inquisitório, em verdade, está na gestão de prova, confiada essencialmente ao magistrado(...)".[198]

Esta diferenciação, conforme Coutinho,[199] diz respeito à essência dos princípios formuladores dos modelos processuais. Quando estes modelos traduzem-se em sistemas processuais em concreto, a maioria da doutrina refere que não são sistemas puros, inquisitórios ou acusatórios. No entanto, acrescenta o autor, que não há princípio constituidor misto, os modelos processuais em concreto são essencialmente inquisitórios ou acusatórios, dependendo a quem cabe a gestão da prova.

De outra parte, Ferrajoli[200] aponta, como categoria de análise para diferenciação entre os dois sistemas, a concepção de verdade nos diferentes modelos de processo e a sua correspondente legitimidade. A legitimação de um processo de tipo inquisitório está constituída de imediato por um juízo de valor, no sentido da finalidade do órgão julgador e da fonte de legitimação política de seu poder. Nesse sentido, no modelo inquisitório o juiz atua como órgão ativo na obtenção da verdade substancial, a atividade de instrução pode ser secreta, a defesa tem um papel irrelevante, constituindo-se em um obstáculo para o bom juízo, e o objetivo do processo não é o delito praticado, mas a personalidade do réu.

A verdade substancial, objetivo dos processos de modelo inquisitório, é perseguida sem qualquer limite em relação aos meios de obtenção das provas, sendo seu fim a justificativa para procedimentos discricionários e valorativos. Na busca da verdade real, pratica-se a tortura, meio racionalmente utilizado para extrair do acusado a sua versão dos fatos. Nesse mesmo sentido, compreende-se a regra geral da prisão do acusado durante o processo, entendendo que sua liberdade obstaculiza a investigação da verdade.[201]

4.2.3. Sistema acusatório

Prado, após exaustiva revisão doutrinária,[202] define, como elemento que faz parte do núcleo básico do sistema acusatório, a idéia de divisão

---

[198] COUTINHO, Jacinto Nelson Miranda. Op. cit., p. 28.
[199] Idem, p. 29.
[200] FERRAJOLI, Luigi. *Derecho y razón. Teoria del Garantismo Penal*, p. 539-542.
[201] PRADO, Geraldo. *Sistema Acusatório – A conformidade Constitucional das Leis Processuais Penais*, p. 90.
[202] Idem, p. 112-113. O autor refere outros autores como LEONE, Giovani; FONTECILLA REQUELME, Rafael; MITTERMAIER, Karl J. A; ALCARA-ZAMORA y CASTILHO, Niceto; MAIER, Julio B. J.; CONSO, Giovani.

das tarefas de acusar, defender e julgar, entre três diferentes sujeitos. Diz o autor[203] que o processo acusatório nem sempre foi oral e predominantemente público, ou mesmo que o dever de fundamentar as decisões não se constitui em central neste modelo, em todas as suas versões históricas.

Portanto, para o autor, essencial é a idéia de acusação, à qual se contrapõe o direito de defesa.

"Ora, um princípio fundado na oposição entre acusação e defesa, ambas com direitos, deveres ônus e faculdades, só se desenvolve regularmente em um processo de parte, centrado nas relações recíprocas que se estabelecem".[204]

FerrajolI,[205] por sua vez, considera acusatório todo o sistema processual que concebe o juiz como um sujeito passivo, separado das partes, e o juízo como uma contenda entre iguais, iniciada pela acusação, a quem compete a carga da prova e a tarefa de enfrentar a defesa através de contraditório, de forma pública e oral, sendo resolvido por um juiz, segundo sua livre convicção. O sistema acusatório, para o autor, favorece modelos de juízo populares e procedimentos que valorizam o juízo contraditório como método da investigação da verdade.

Também nesse sistema processual, na concepção de Carnelutti,[206] o processo continua sendo um caminho de reconstrução histórica. No entanto, a gestão das provas está nas mãos das partes, e o juiz está em posição passiva, sempre longe da busca efetiva de provas. O processo passa a caracterizar-se como uma disputa entre as partes, em igualdade de condições, e a convicção do juiz forma-se a partir das contradições entre acusação e defesa.

Outra diferença importante entre os dois modelos está no conceito ou na concepção de verdade, referida por Ferrajoli,[207] e na sua relação com o poder judicial. O sistema inquisitório, como já foi visto, expressa uma confiança ilimitada no poder judicial e em sua capacidade de obter a verdade. Já o modelo acusatório, ao contrário, caracteriza-se por uma desconfiança, também ilimitada, nesse poder como fonte autônoma da verdade, concebendo esta como resultado da controvérsia entre as partes.

Ambos perseguem a verdade, mas através de modelos de verdade diferentes e métodos também diferentes. As garantias processuais podem ser consideradas como garantias de uma verdade controlada pelas partes, em função da liberdade dos inocentes frente ao arbítrio.

---

[203] PRADO Geraldo. Op. cit., p. 114 -115.
[204] Idem, p. 115.
[205] FERRAJOLI, Luigi. *Derecho y razón.Teoria del Garantismo Penal,* p. 562-567.
[206] CARNELUTTI, Francesco. *As Misérias do Processo Penal,* p. 45-46.
[207] FERRAJOLI, Luigi. Op. cit., p. 603-606.

A verdade processual é mais reduzida e controlada pelos meios dos procedimentos que devem ser obedecidos e, especialmente, pelo confronto entre a acusação e o direito de defesa do imputado.

No método cognitivo, como define Ferrajoli,[208] o fundamento da legitimidade do juízo não tem caráter político, mas sim na necessidade de conhecimentos para a obtenção da verdade relativa, ou processual. O sistema acusatório é fundado no método contraditório, no qual são feitas proposições assertivas, que são suscetíveis à refutação e à verificação, sucessivamente, sendo o processo de prova fundado sobre o conflito institucional entre a acusação e a defesa.

Enquanto conclusão preliminar, cabe referir a concepção de Aroca,[209] que entende que o modelo processual inquisitório não pode ser considerado um verdadeiro processo, pois, por processo, define o autor, como uma situação triangular em que, frente a um terceiro imparcial, compareçem duas partes parciais, situadas em pé de igualdade e em contradição, demonstrando um conflito que deve ser solucionado através do direito objetivo. Portanto, as características descritas do sistema inquisitório levam à conclusão de que este sistema não permite a prática de um verdadeiro processo, constituindo-se, portanto, em uma contradição referir o sistema inquisitório com denominação de processo.

Nas palavras do autor

"El llamado proceso acusatorio si es um verdadero proceso, por cuanto en él existe realmente un juez imparcial y dos partes enfentadas ente sí, pero notodos los caracteres que suelen incluirse como proprios del sistema acusatorioson necesarios para que exista verdadeiro proceso. Algunos de esos caracteres podrían modificarse o suprimirse, sin que ello supusiera la desaprición del proceso,(...) pero si afecta a la esencia del proceso el que el juez sea al mismo tiempo el acusador o el que el acusado no sea sujeto sino objeto del proceso. Por tanto, decir proceso acusatorio es un pleonasmo, pues no puede existir verdadero proceso si éste no es acusatorio".[210]

O fato é que a concepção cognitiva de processo e o modelo de sistema acusatório são aquisições afirmativas da modernidade, em estreita relação com o princípio de estrita legalidade penal, e correspondem ao processo de formalização e tipificação dos delitos e das penas. O princípio acusatório exige que o juízo desenvolva-se com garantias processuais em ma-

---

[208] FERRAJOLI, Luigi. Op. cit., p. 544-546.

[209] AROCA, Juan Montero, *Principios Del proceso penal – uma explicación basada em la razón*, p. 28-29.

[210] Idem, p. 29.

téria de prova e de defesa, que se torne possível a obtenção da verdade processual, baseada na verificação e na refutação.

Conforme Lopes Junior,[211] ao Direito Penal mínimo corresponde o Processo Penal garantista, pois este tem a função de redução do espaço para a atuação discricionária, enquanto controle legal do poder jurisdicional. Trata-se do modelo processual que permite a legitimidade do poder judicial e o respeito aos direitos fundamentais consagrados nos ordenamentos jurídicos da modernidade, o que justifica a própria existência do Estado Democrático de Direito. Trata-se do modelo processual que serve de instrumento para a utilização mínima necessária do Direito Penal na sociedade contemporânea, restringindo-o à legalidade e à tutela dos bens jurídicos fundamentais.

4.3. O Modelo Processual Penal previsto no Estatuto da Criança e do Adolescente

A definição do tipo de sistema processual penal previsto no Estatuto da Criança e do Adolescente não é tarefa fácil, isto porque a estrutura prevista na Lei especial reproduz os princípios constitucionais, referencia-se no Código de Processo Penal brasileiro e, em alguma medida, também referencia-se no Código de Processo Civil, especialmente quanto ao sistema de recursos.

Conforme Prado,[212] no Brasil não é simples assinalar com precisão que sistema processual vigora, ou qual sistema vigorou em outros momentos históricos, seja porque o olhar dos pesquisadores está inserido no contexto cultural e social de que são produto, seja porque o sistema previsto na Lei tem características variadas. Sua origem está em sistemas de outros países, ou, embora sendo criações pátrias, tem origem em momentos históricos e políticos distintos, reproduzindo de uma forma ou de outra diretrizes do modelo acusatório e do modelo inquisitório.

O autor[213] refere que existem posições antagônicas na doutrina sobre o tema. Alguns doutrinadores, como Frederico Marques, Hélio Tornaghi e Roberto Lara Tucci, afirmam existir uma estrutura acusatória em nosso Processo Penal, especialmente em função dos princípios previstos na Constituição. No entanto, estes mesmos autores, em alguma medida reconhecem que o sistema pode ser denominado misto por seguir a estrutura prevista no modelo processual francês, dividido em duas fases, sendo que

---

[211] LOPES JUNIOR, Aury. *Sistemas de Investigação preliminar no Processo Penal*, p. 6.
[212] PRADO, Geraldo. Op. cit., p. 143.
[213] Idem, p. 149.

na fase instrutória de apuração das infrações penais, especialmente na policial, possui características inquisitórias.

Segue afirmando o autor[214] que a Constituição Federal adotou o princípio acusatório, garantindo a todos os acusados o devido processo legal, a presunção de inocência, o julgamento por um juiz competente e imparcial, além da oralidade e da publicidade do processo. Porém, por outro lado, observando-se os papéis desempenhados pelos partes e a forma com que, especialmente os acusados, são tratados nos processos, seja em função das dinâmicas processuais previstas na Lei ou consolidadas pelos Tribunais, não resta alternativa a não ser admitir que o sistema brasileiro é de "aparência acusatória". Isso significa que, embora a Constituição tenha feito opção acusatória, as leis inferiores e a prática jurídica constituíram na vida processual brasileira um sistema de modelo inquisitório.

Já Coutinho,[215] partindo de seu posicionamento, já referido neste trabalho,[216] de que a gestão da prova é o princípio unificador que irá identificar se o sistema é inquisitório ou acusatório, afirma que, no caso brasileiro, em que a gestão da prova está primordialmente nas mãos do juiz, conforme prevê o art. 156, entre outros, do Código de Processo Penal, o sistema processual penal é em essência inquisitório. Não obstante, muito embora ele diga não existirem princípios mistos, também se posiciona no sentido de que nas legislações atuais não há mais previsão de sistemas puros.

Pode-se afirmar que a situação do sistema processual previsto no Estatuto da Criança e do Adolescente é semelhante. Trata-se de modelo processual confuso, referenciado nos princípios constitucionais de orientação acusatória, mas com elementos essencialmente inquisitórios. Agrava-se tal situação pela incorporação, em alguma medida, dos princípios e da lógica própria do Processo Civil, o que pode significar maior agilidade de procedimentos em certos momentos, mas que contribui para reforçar a concepção de que o Direito da Criança e do Adolescente não contém um Processo Penal e, portanto, na sua aplicação, são dispensáveis as observações de garantias processuais reconhecidas para o conjunto da população.

Por outro lado, torna-se superável tal contradição se a aplicação da Lei especial for feita a partir de uma interpretação constitucional e cada dispositivo específico estiver referenciado no espírito geral da legislação, sendo superadas lacunas e imprecisões.

---

[214] PRADO, Geraldo. Op. cit., p. 171.

[215] COUTINHO, Jacinto Nelson Miranda. Introdução aos Princípios Gerais do Direito Processual Penal Brasileiro.In: *Revista de Estudos Criminais*, vol. 1, p. 29.

[216] Referência feita no título "Sistema Inquisitório".

Como a questão abordada diz respeito ao tema do presente trabalho, a partir deste ponto, buscar-se-ão demonstrar as principais características do sistema processual incorporado no Estatuto da Criança e do Adolescente.

Em decorrência do art. 227 da Constituição Federal e do conjunto de dispositivos da Lei 8.069/90, a ordem jurídica pátria atribuiu às crianças e aos adolescentes a condição de sujeitos de direito e, portanto, estendeu a este seguimento da população todas as garantias elencadas no art. 5º da Constituição Federal. Entre este conjunto de garantias, está a reprodução no art. 110 do Estatuto do dispositivo universal do art. 5º, inc. LIV, da Constituição Federal, o qual garante que "ninguém será privado de liberdade ou de seus bens sem o devido processo legal".

Conforme afirma Saraiva,[217] a garantia ao devido processo legal constitui-se, em síntese, no direito a todas as prerrogativas processuais, dentre elas aqueles mandamentos constitucionais que reproduzem o princípio processual acusatório. São garantias estendidas aos adolescentes: o direito ao juiz natural, pois cada um deverá responder perante o seu juiz competente (art. 5º, XXXVII e LII, da CF); o direito ao contraditório e à ampla defesa, com os meios e recursos a ela inerentes (art. 5º, LV, da CF); o princípio da presunção de inocência (art. 5º, LVII, da CF); ou, ainda, a obrigatoriedade do relaxamento da prisão ilegal (art. 5º, LXV, da CF). Conforme reforça o autor, o fato mais significativo na extensão destas garantias à população infanto-juvenil, o que parece óbvio visto que se destinam a todos os cidadãos brasileiros, é o fato de que tanto o direito ao devido processo legal, como especialmente o direito ao contraditório e à ampla defesa, eram praticamente ignorados sob a égide do antigo sistema do Código de Menores.[218]

São asseguradas, dentre outras, as seguintes garantias aos adolescentes, conforme art. 111 da Lei especial: pleno e formal conhecimento da atribuição de ato infracional, mediante citação ou meio equivalente; igualdade na relação processual, podendo confrontar-se com vítimas e testemunhas e produzir todas as provas necessárias à sua defesa; defesa técnica por advogado, inclusive assistência judiciária gratuita e integral a quem necessitar; direito a ser ouvido pessoalmente pela autoridade competente; e direito de solicitar a presença de seus pais ou responsáveis em qualquer fase do processo.

---

[217] SARAIVA, João Batista Costa. *Direito Penal Juvenil, Adolescente e ato infracional, garantias processuais e medidas socioeducativa*, p. 54-55.
[218] Lei com vigência anterior a 1990 no Brasil, cujo resgate histórico foi abordado no Capítulo I deste trabalho.

Tais garantias elencadas na Lei, conforme Prade,[219] são exemplificativas, dando ênfase no sistema processual protetor do adolescente, o que possibilita, sempre que necessário, a aplicação de ainda outras, previstas no conjunto do ordenamento jurídico brasileiro ou adotadas em convenções e declaração de que o Brasil é signatário. De forma expressa, o Estatuto prevê, em seu art. 152, que se aplicam de forma subsidiária as normas gerais previstas na legislação processual pertinente.

Parece evidente que a preocupação do legislador que elaborou o Estatuto da Criança e do Adolescente foi a reprodução plena das garantias processuais constitucionais. Conforme afirma Dinamarco,[220] em todo o campo coberto pela jurisdição constitucional das liberdades, há a preocupação em dar ênfase às garantias que a Constituição oferece, para que não fiquem em promessa. Conclui o autor que a jurisdição constitucional caracteriza-se como o conjunto de remédios estabelecidos para que haja prevalência dos valores que ela própria obriga, nos ordenamentos inferiores. Portanto, o direito processual constitucional constitui-se em instrumento em relação ao conjunto do ordenamento.

No entanto, para além das garantias processuais fundamentais, decorrentes do princípio constitucional acusatório, prossegue a Lei 8.069/90, estabelecendo o rito processual que regula a apuração dos atos infracionais, a aplicação das medidas socioeducativas e as hipóteses de privação de liberdade dos adolescentes.

Em seu art. 106, o Estatuto da Criança e do Adolescente determina que o adolescente somente poderá ser privado de liberdade em flagrante de ato infracional, ou por ordem escrita e fundamentada da autoridade judiciária competente, reproduzindo mais uma vez o art. 5º, LXI, da Constituição Federal.

A internação provisória, de natureza cautelar, está prevista no art. 108 do Estatuto, decorre de decisão fundamentada e deve estar baseada em indícios suficientes de autoria e materialidade, sendo demonstrada a necessidade imperiosa da medida (art.108, parágrafo único, do ECA). Tal privação de liberdade não deve exceder ao prazo máximo de quarenta e cinco dias e não pode ser cumprida em estabelecimento prisional adulto. Caso não haja unidade de internação destinada a adolescentes no local da apreensão, ele deverá ser conduzido à comarca mais próxima. Ainda para a internação provisória, ou em flagrante, exigem-se os pressupostos da gravidade do ato, da repercussão social, da garantia de segurança do adolescente ou da ordem pública, conforme art. 174 do Estatuto.

---

[219] PRADE, Péricles. In: CURY, Munir; AMARAL E SILVA, Antônio Fernando; MENDEZ, Emílio García org. *Estatuto da Criança e do Adolescente Comentado – Comentários jurídicos e sociais*, p. 331.
[220] DINAMARCO, Candido Rangel. *A Instrumentalidade do Processo*, p. 29.

Levando-se em consideração esses requisitos, também referidos na legislação processual penal adulta, e sua combinação com o art. 122 do Estatuto, que regula as hipóteses de aplicação da medida socioeducativa de internação, pode-se concluir que a intenção do legislador foi de que as hipóteses de privação de liberdade, especialmente a provisória, deveriam caracterizar-se como exceção, prevalecendo como regra que o adolescente tem direito a responder em liberdade ao processo de apuração do ato infracional supostamente cometido.[221]

Sobre este tema aborda Ferrajoli,[222] afirmando que a história da prisão provisória do imputado, antes da condenação, está estritamente ligada à evolução histórica do princípio da presunção de inocência e diz respeito à forma de tratamento do imputado. A privação de liberdade antes da sentença condenatória, condicionada à mínima duração necessária, resume o pensamento liberal clássico, sendo considerada uma injustiça necessária. A conseqüência dessa resignada legitimação foi a consolidação da prisão preventiva nas constituições e nos códigos, sendo que sua perversão maior é sua constituição, enquanto instituto, como instrumento processual dirigido a estritas necessidades, quando, na realidade, trata-se de um instrumento de prevenção e defesa social. Deve-se buscar esclarecer, conforme expõe o autor, que se trata, em verdade, de uma manifestação da concepção inquisitiva de processo.

Dando seqüência aos procedimentos previstos na Lei 8.069/90, a autoridade policial que proceder à apreensão de adolescente, se em obediência a mandado judicial, deve apresentá-lo imediatamente ao juiz competente (art. 171 do ECA). Caso a apreensão seja em flagrante, fará os procedimentos de sua competência como lavrar o auto de apreensão, apreender o produto e os instrumentos da infração e requisitar os exames periciais necessários à comprovação de autoria e materialidade (art. 173 do ECA).

Não estando presentes os requisitos para a internação provisória, deverá a autoridade policial solicitar o comparecimento dos pais ou responsáveis do adolescente e liberá-lo sob termo de responsabilidade, devendo apresentar-se ao Ministério Público no mesmo dia, ou no próximo dia útil (art. 174 do ECA). Em caso de não-liberação, o adolescente deverá ser apresentado imediatamente ao Ministério Público, ou logo em seguida, quando não for possível por não haver promotor de justiça de plantão na localidade. Juntamente com o adolescente, deverá ser apresentado o auto de apreensão, o relatório policial ou o boletim de ocorrência (arts. 175 e 179 do ECA).

---

[221] SARAIVA, João Batista Costa. *Direito Penal Juvenil, Adolescente e ato infracional, garantias processuais e medidas socioeducativa*, 2002, p. 52.
[222] FERRAJOLI, Luigi. *Derecho y razón.Teoria del Garantismo Penal*, p. 551-559.

Apresentado o adolescente, juntamente com os documentos policiais devidamente autuados pelo cartório judicial e com o histórico dos antecedentes do adolescente (art. 179 do ECA), o representante do Ministério Público promoverá a sua oitiva, se possível seguida de seus pais, das vítimas e das testemunhas. Poderá o promotor decidir em três direções: propor o arquivamento dos autos, submetendo tal proposição ao juiz e liberando o adolescente; representar contra o adolescente pelo ato infracional supostamente cometido, requisitando ou não ao juiz a internação provisória; propor ao adolescente e conceder a remissão,[223] procedimento que poderá ser combinado com aplicação de medida socioeducativa em meio-aberto e que terá de ser homologado pelo juiz (art. 180 do ECA).

Quanto a este momento pré-processual, costumam ocorrer debates doutrinários acerca da possível ausência de instrumentalidade de garantias, da ampliação dos poderes do Ministério Público e mesmo sobre a natureza das alternativas que podem ser deliberadas. Conforme Pereira,[224] muitos juristas consideram que o art. 126 do Estatuto contraria frontalmente a Constituição, por ser ofensivo ao princípio da jurisdição, ou mesmo à garantia do contraditório e da ampla defesa, respectivamente previstos no art. 5º, incisos XXXV e LV, da Constituição Federal.

A concessão da remissão por parte do Ministério Público e, como conseqüência, as alternativas a esta concessão previstas no art. 180, seja de arquivamento ou de representação, trata-se de possibilidades no decorrer da transação, aos moldes da justiça concensuada, prevista pela Lei Penal brasileira. Tal liberalidade do Ministério Público pode estar combinada com a aplicação de medida socioeducativa em meio-aberto, mesmo que para isso não seja exigido do adolescente o reconhecimento do ato infracional, supostamente praticado (art. 127 do ECA). No Rio Grande do Sul, este procedimento combinado é muito utilizado e é aceita a sua legitimidade pelo Tribunal de Justiça. Os Tribunais de outros Estados têm entendido que tal procedimento não pode ser aplicado diante da não-pertinência da conseqüência posterior de regressão por descumprimento da medida aplicada a título de transação, portanto, em fase pré-processual.[225]

Do ponto de vista das garantias efetivas desse procedimento, não há previsão específica na Lei da presença de advogado acompanhando o adolescente na audiência de apresentação ao Ministério Público. Dessa forma, tal audiência costuma ocorrer como uma "entrevista informal", entre o adolescente e o promotor de justiça, na qual se busca evitar o

---

[223] No Capítulo III deste trabalho já foi abordado acerca do instituto da remissão, previsto na Lei 8.069/90.

[224] PEREIRA, Tânia da Silva. *Direito da Criança e do Adolescente*, p. 561.

[225] Idem, p. 448.

processo e, para isso, espera-se que o adolescente confesse o ato infracional de que foi indiciado e, não estando tal prática nas categorias dos atos infracionais passíveis de medida de internação, conforme o art. 122 do Estatuto, pode ser-lhe aplicada uma medida em meio-aberto.

A ausência de previsão específica de advogado nesse momento, conforme Saraiva,[226] não cabe ser admitida, tendo em vista a garantia de ampla defesa e contraditório prevista no Estatuto no art. 111, inc. III, além do fato de que, quando aplicada qualquer medida no decorrer do processo, ser necessária a presença do defensor. De acordo com o autor, não é possível que se pretenda reviver nessa etapa pré-processual, porém decisiva, um novo modelo de Juizado de Menores, agora transferido para a atuação discricionária do Ministério Público.

Nas hipóteses de arquivamento ou concessão de remissão, a decisão do Ministério Público deve ser submetida, mediante termo fundamentado, à homologação do juiz. Isso não ocorrendo, a autoridade judiciária fará remessa dos autos ao Procurador-Geral de Justiça, através de despacho fundamentado. Os autos serão, então, distribuídos a outro promotor de justiça, o próprio Procurador-Geral poderá oferecer a representação ou, ainda, concordar com o arquivamento ou remissão, que neste caso será de homologação obrigatória por parte da autoridade judicial (art. 181 do ECA).

A terceira hipótese é que, após a audiência prévia, o Promotor de Justiça defina, entre as alternativas do art. 180 do Estatuto, apresentar a representação à autoridade judiciária, propondo a instalação de procedimento para apuração do ato infracional supostamente praticado e posterior aplicação de medida socioeducativa. Trata-se da propositura da ação socioeducativa, que equivale à denúncia ou à queixa, previstas no Título III do Código de Processo Penal, especificamente entre os artigos 41 e 43.

Mais uma vez, nesse ponto, o Legislador da Lei 8.069/90 optou por uma redação menos exaustiva que a legislação processual penal adulta, estabelecendo, de forma limitada, que a representação deve ser oferecida por petição, contendo o resumo dos fatos, a classificação do ato infracional e, quando necessário, o rol de testemunhas. Não há, portanto, previsão expressa dos requisitos para rejeição da representação, a exemplo do que ocorre no art. 43, combinado com os arts. 525 e 564 do CPP. Ao contrário disso, no § 2º do art. 182 do Estatuto, está previsto que a apresentação da representação independe de prova pré-constituída da autoria e da materialidade do ato infracional.

---

[226] SARAIVA, João Batista Costa. *Direito Penal Juvenil, Adolescente e ato infracional, garantias processuais e medidas socioeducativas*, p. 59-60.

Portanto, a representação, embora oferecida pelo Ministério Público enquanto titular exclusivo, não conta com previsão legal de requisitos que levem à sua não-aceitação por parte do juiz. Especialmente manifesta-se esta ausência de requisitos formais quanto à apresentação de provas, ainda que iniciais, da materialidade e dos indícios de autoria. Alguns autores, como Pereira,[227] entendem que, diferente do Processo Penal adulto, no caso do Estatuto da Criança e do Adolescente, o juiz não pode rejeitar a representação, somente podendo fazê-lo em caso de dirigir-se contra uma criança, e não contra um adolescente. Outros, no entanto, a exemplo de Garrido de Paula,[228] entendem que cabe o exame do juízo de admissibilidade da representação, utilizando-se para isto não só da previsão específica de características da representação referidos no art. 182 do Estatuto, mas levando-se em conta outros dispositivos da Lei, em especial o art. 103, que define o que seja ato infracional.

Nesse caso, tratar-se-ia do exame do direito substancial, e não apenas processual. Conforme Aroca,[229] abordando os princípios da ação penal enquanto procedimento preliminar, o juiz pode não admitir a denúncia ou queixa quando chegar à conclusão de que os fatos alegados pelo denunciante, seja o Ministério Público, seja o particular, não são constitutivos de delito. Estas razões de direito substancial, conforme o autor, podem fazer com que o juiz declare que o processo não deve prosseguir, portanto, antecipando a sentença.

De acordo com Carvalho e Wunderlich,[230] a acusação é uma das principais peças do Processo Penal, na medida em que nela devem ser fixados limites sobre os quais a defesa formulará sua estratégia e os limites nos quais o magistrado julgará a ação penal. Nesse sentido, para que as garantias constitucionais e legais sejam respeitadas, dizem os autores, é imprescindível que se apresentem fatos concretos e determinados na acusação, individualizando a conduta plenamente reprovável imputada aos acusados.

Portanto, conta-se com o avanço que significa a exclusiva titularidade da representação por parte do Ministério Público, enquanto uma característica acusatória do Processo Penal previsto no Estatuto.[231] De outra

---

[227] PEREIRA, Tânia da Silva. *Direito da Criança e do Adolescente*, p. 565.

[228] GARRIDO de PAULA, Paulo Afonso. In: CURY, Munir; AMARAL e SILVA, Antônio Fernando e MENDEZ, Emílio García org. *Estatuto da Criança e do Adolescente Comentado – Comentários jurídicos e sociais*. p. 515-518.

[229] AROCA, Juan Monteiro. *Principios Del Proceso Penal – Uma Explicación basada em la razón*, p. 101-104.

[230] CARVALHO, Salo de e WUNDERLICH, Alexandre. Criminalidade Econômica e Denuncia genérica: Uma prática Inquisitiva. In: BONATO, Gilson (org.). *Garantias Constitucionais e Processo Penal*, p. 203-222.

[231] FERRAJOLI, Luigi. *Derecho y razón. Teoria del Garantismo Penal*, p. 567-570.

parte, por ausência de requisitos, a Lei especial deixou de prever competência probatória restrita à acusação, isentando, enquanto elementos da peça inicial, a necessidade de demonstração da materialidade e dos indícios de autoria.[232]

Oferecida, portanto, a representação, o prazo máximo para a conclusão da apuração do ato infracional atribuído, estando o adolescente privado de liberdade provisoriamente, como já foi dito, é de quarenta e cinco dias (art. 183 do ECA). Nesse aspecto foram reforçados os princípios de brevidade e prioridade absoluta previstos tanto na Constituição Federal quanto no Estatuto. Cabe, portanto, ao Promotor de Justiça requerer junto com a representação a internação provisória, devendo estar presentes, mais uma vez, os requisitos dos artigos 108 e 122 do Estatuto.

Recebida a representação, a autoridade judiciária designará audiência de apresentação do adolescente, decidindo desde logo pela manutenção ou não da internação provisória. O adolescente será notificado sobre o teor da representação oferecida contra ele, devendo comparecer na audiência de apresentação acompanhado de seus pais e de seu advogado (art. 184 do ECA). Não comparecendo os pais ou responsáveis, o juiz designará um curador especial para o adolescente, o qual poderá ser seu defensor.

Não há novamente previsão expressa do que deve fazer o juiz caso o adolescente compareça sem o defensor, previsto no art. 184, § 1º, do Estatuto. Embora no art. 186 da Lei, que trata do mesmo momento processual da audiência de apresentação, no § 2º, o legislador refira que, em se tratando de fato grave e não tendo defensor constituído, este será nomeado pelo juiz, sendo designada nova audiência em continuação.

Conforme Saraiva,[233] esta situação tem levado à interpretação de que o juiz somente nomearia defensor ao adolescente desacompanhado de advogado caso se tratasse de ato infracional grave. Nos demais casos, a rigor passíveis de aplicação de medidas em meio-aberto, não seria necessário defensor nomeado, mesmo o adolescente estando desacompanhado de advogado. Entende, no entanto, o autor, que nesse caso estaria sendo feita uma interpretação restritiva e não sistêmica do Estatuto, visto que o art. 186 trata, em verdade, do momento do interrogatório na audiência preliminar, e a ausência de advogado levaria à nulidade deste, pela ausência de respeito ao princípio do contraditório. De outra parte, também não estaria sendo levado em consideração o art. 207 do Estatuto, que, em tratando do papel a ser exercido por advogado no processo estatutário,

---

[232] Mais adiante serão abordados os princípios fundamentais que se constituem em garantias processuais. Em especial, será visto acerca da separação da atividade de julgar e acusar, quando serão abordados os elementos essenciais da acusação.

[233] SARAIVA, João Batista Costa. *Direito Penal Juvenil, Adolescente e ato infracional, garantias processuais e medidas socioeducativa*, p. 70.

prevê expressamente que nenhum adolescente será processado, ainda que foragido, sem defensor.

Designada a audiência de apresentação, estando o adolescente em liberdade, pode ainda acontecer de não ser encontrado ou de não se apresentar. Nessas hipóteses, o juiz expedirá mandado de busca e apreensão, determinando a suspensão do feito até a efetiva apresentação (art. 184, § 3º, do ECA).

Comparecendo, de outra parte, o adolescente, os pais ou responsáveis ou o curador nomeado, o advogado e o Ministério Público será desenvolvida a oitiva dos mesmos, podendo, ainda, o juiz solicitar a opinião de profissional qualificado (art. 186 do ECA).

Não existem maiores detalhes no Estatuto quanto à forma específica em que deve ser desenvolvido o interrogatório nesta audiência prévia. Conforme Ferrajoli,[234] o interrogatório constitui-se um dos momentos que mais se diferenciam no processo inquisitório e no processo acusatório. No modelo inquisitório, o interrogatório é o meio de obter do imputado de qualquer forma a confissão; o interrogador só tem poderes; e o interrogado só deveres. Ao contrário, no modelo processual garantista, o interrogatório é o principal meio de defesa, visto que está informado pela presunção de inocência. Está proibida a utilização de métodos que violem a dignidade da pessoa humana, sendo garantido o direito ao silêncio e sendo relativo o papel da confissão como prova.

A informalidade prevista pela Lei estatutária para o momento, aliada à cultura de aplicação da medida socioeducativa, vista como um bem para o adolescente,[235] faz com que a oitiva de todos os presentes na audiência preliminar seja conduzida pelo juiz com o objetivo de obter a verdade material sobre os fatos, ou ainda, a confissão do adolescente.

Mais uma vez, nesse momento processual, como de fato até que seja prolatada a sentença (art. 188 do ECA), está prevista a possibilidade da aplicação da remissão por parte do juiz, enquanto medida de suspensão do processo, tendo apenas como requisito a oitiva do Ministério Público e não estando prevista expressamente a manifestação do advogado (art. 186, § 1º).

Não sendo proferida a decisão no sentido da remissão, o processo terá continuidade. Nessa direção, o juiz designará nova audiência em continuação, e o defensor constituído ou nomeado terá o prazo de três dias, a contar da audiência de apresentação, para apresentar defesa prévia e rol

---

[234] FERRAJOLI, Luigi. *Derecho y razón. Teoria del Garantismo Penal*, p. 606-610.
[235] MENDEZ, Emílio García. *Adolescentes e Responsabilidade Penal: um debate latino-americano*, p. 13.

de testemunhas. O juiz poderá ainda determinar diligência ou estudo do caso por equipe técnica que ele requisitará (art. 186, § 2º, do ECA).

Na audiência de continuação, a qual ainda deve ocorrer dentro do prazo dos quarenta e cinco dias caso o adolescente esteja internado, serão ouvidas as testemunhas arroladas na representação e na defesa prévia, cumpridas as diligências e juntado o relatório da equipe interprofissional. Será, então, dada a palavra ao promotor e ao defensor, sucessivamente por vinte minutos para cada um, sendo prorrogáveis conforme avaliação da autoridade judiciária, que finalmente proferirá a decisão (art. 186, § 4º, do ECA).

A decisão judicial deve ser manifestada através de sentença que absolva ou condene o adolescente, aplicando a medida socioeducativa considerada mais adequada. A aplicação de qualquer das medidas socioeducativas tem como condicionantes o reconhecimento na sentença, por parte do juiz, da prova da existência do fato; tal fato caracterizar-se como ato infracional, ou seja, crime ou contravenção tipificado na lei penal; existir prova de que o adolescente concorreu para a existência de tal ato infracional, ou seja, ser provada sua autoria (art. 186 do ECA).

Por outro lado, estão ausentes da Lei 8.069/90 os requisitos previstos para a sentença penal adulta no art. 59 do Código Penal. Questões como atentar para a culpabilidade, os antecedentes, a conduta social e a personalidade do agente, levar em conta as circunstâncias e conseqüências do crime, além de explicitar o quantitativo e o regime de cumprimento da pena não estão previstas formalmente enquanto requisitos da sentença, a qual acaba não contando com exigências formais, que poderiam gerar sua nulidade.

Prolatada a sentença, no caso da aplicação das medidas de internação e semiliberdade, serão intimado o lescente e seu defensor. Não sendo encontrado o adolescente, serão intimados seus pais ou responsáveis. Sendo outra medida aplicada, será intimado apenas o defensor (art. 190 do ECA).

O sistema recursal previsto nos artigos 198 e 199 do Estatuto da Criança e do Adolescente remete, em sua totalidade, ao Código de Processo Civil Brasileiro, apenas sendo elencadas algumas especificidades nos incisos de I a VIII do art. 198. Nesse aspecto, cabe referir que não existe separação de procedimentos entre as matérias cíveis, administrativas ou penais contidas na Lei para a infância e a juventude e isso, mais uma vez, acaba por contribuir com a interpretação de que não existe um modelo processual penal contido no Estatuto.

De outra parte, entre as especificidades elencadas no artigo 198 do Estatuto, está a preferência de julgamento, prevista no inciso III. Tal preferência é uma manifestação do direito à celeridade processual, que, por sua vez, é uma manifestação do princípio da prioridade absoluta definido pela Constituição Federal às crianças e aos adolescentes. A celeridade processual, conforme Saraiva,[236] constitui-se em um direito subjetivo público do adolescente e justifica-se em função da condição peculiar de desenvolvimento que o adolescente possui em função do período etário em que se encontra. Nessa fase da vida, as transformações pessoais são muito rápidas e intensas, não se justificaria uma tramitação processual que demorasse mais tempo do que a própria adolescência do jovem.

Finalmente, cabe abordar como rito processual utilizado na prática processual penal juvenil, o *habeas corpus*. Sempre que o direito de ir e vir do adolescente estiver ameaçado ou violado por ilegalidade ou abuso de poder, conforme a Constituição Federal, artigo 5º, inciso LXVIII, é possível ser impetrado *habeas corpus*, da mesma forma que a ele tem direito todo o cidadão brasileiro. Em geral tal remédio constitucional é utilizado quando adolescentes ficam restritos de liberdade por mais tempo do que determina a Lei, seja quanto à extrapolação do prazo dos quarenta e cinco dias da internação provisória (art. 183 do ECA), nos noventa dias definidos para a regressão por descumprimento de medida em meio-aberto (art. 122, inciso III, do ECA) ou, ainda, na extrapolação do limite temporal previsto para a medida de internação (art. 121, § 3º, do ECA).

Como se pode observar, o Estatuto da Criança e do Adolescente reproduz as garantias processuais de estatura constitucional de conteúdo acusatório, seja a garantia ao devido Processo Penal, seja o direito ao contraditório e a ampla defesa, seja a acusação como competência do Ministério Público ou, ainda, a fundamentação das decisões judiciais, além de outros princípios e garantias decorrentes. No entanto, existem problemas, imprecisões e lacunas na Lei especial que possibilitam sua interpretação discricionária, acabando por reproduzir características do modelo processual inquisitório.

---

[236] SARAIVA, João Batista Costa. *Direito Penal Juvenil, Adolescente e ato infracional, garantias processuais e medidas socioeducativa*, p. 89.

Capítulo V

Garantias processuais e sua manifestação nos processos judiciais da infância e da juventude

5.1. Princípio de Jurisdicionalidade

A partir da modernidade, especialmente no mundo ocidental, a maioria das sociedades optou por resolver seus conflitos de natureza penal através da legalidade. Essa opção política tem estreita relação com outra opção, também de mesma natureza, pela jurisdicionalidade processual. Ou seja, o princípio da legalidade condiciona a existência de um delito à verificação da hipótese de que este esteja previsto de forma taxativa na lei penal. O princípio de estrita jurisdicionalidade vincula o juízo penal ao monopólio estatal, através da atuação do Poder Judiciário, por meio do devido processo legal.

Aroca[237] aborda o tema afirmando que a civilização fez três opções de monopólio: a exclusividade estatal, manifesta na proibição de autotutela entre os particulares; a exclusividade dos tribunais, na medida em que somente o Poder Judiciário pode dizer que ocorreu um delito e aplicar uma pena; e a exclusividade processual, pois os tribunais somente podem impor a pena através do processo.

Prossegue o autor afirmando que[238] a conseqüência desses três monopólios é a garantia jurisdicional, a qual decorre do princípio da legalidade em matéria penal. Assim, as vítimas ou os ofendidos não são titulares de nenhum direito subjetivo de que o autor tenha a pena aplicada; este direito subjetivo foi expropriado dos particulares por parte do estado. Os particulares têm, no entanto, o direito de pedir ao tribunal para que averigúe a responsabilidade do autor e imponha a pena. Esta aplicação do Direito Penal no caso concreto, por sua vez, somente pode realizar-se

---

[237] AROCA, Juan Monteiro. *Principios Del Proceso Penal – Una Explicación basada en la razón*, p. 16-20.
[238] Idem, p. 21-23.

através de um processo, de forma que os princípios processuais, que se constituem em garantias ao cidadão acusado, sejam respeitados.

Lopes Junior resume a questão com a seguinte afirmativa:

"No modelo garantista não se admite nenhuma imposição de pena: sem que se produza a comissão de um delito; sem que ele esteja previamente tipificado em lei; sem que exista necessidade de sua proibição e punição; sem que os efeitos da conduta sejam lesivos a terceiros; sem o caráter exterior ou material da ação criminosa; sem imputabilidade e culpabilidade do autor; e sem que tudo isto seja verificado através de uma prova empírica, levada pela acusação a um juiz imparcial em um processo público, contraditório com amplitude de defesa e mediante um procedimento legalmente preestabelecido".[239]

Coutinho,[240] de outra parte, afirma o mesmo princípio a partir da constatação de que a jurisdição, embora sendo uma forma de expressão do poder estatal, é uma garantia constitucional do cidadão, sem a qual não há democracia. E, assim, está prevista no art. 5º, XXXV, da Constituição Federal brasileira: "A lei não excluirá da apreciação do poder judiciário qualquer lesão ou ameaça ao direito".

Conforme Ferrajoli,[241] a jurisdição é a atividade necessária para obter a prova de que um sujeito cometeu um delito, e, antes que esta prova seja produzida, através de um juízo regular, nenhum delito pode ser considerado cometido e nenhum sujeito culpado, nem submetido à pena. Em sentido lato, este princípio significa que não existe pena sem juízo. Em sentido estrito, quer dizer que não há juízo sem que a acusação seja submetida à prova e à refutação.

Para o autor,[242] as garantias processuais decorrem da jurisdicionalidade, enquanto princípio maior, equivalente ao princípio da legalidade penal. De outra parte, a legitimidade desta depende da observação de todas as garantias referidas, enquanto configuração de um modelo processual acusatório, cuja fundamentação é cognitiva. A função do poder judicial, em relação aos outros poderes de estado, constitui-se em um contrapoder, enquanto controle da legalidade e da tutela dos direitos fundamentais dos cidadãos.

Prossegue o autor afirmando que o fundamento do Processo Penal está em seus procedimentos baseados no método de prova e refutação, através da separação de papéis entre os três sujeitos do processo: as partes,

---

[239] LOPES JUNIOR, Aury. *Sistemas de Investigação preliminar no Processo Penal,* p. 16.

[240] COUTINHO, Jacinto Nelson Miranda. Introdução aos Princípios Gerais do Direito Processual Penal Brasileiro. In: *Revista de Estudos Criminais,* p. 30.

[241] FERRAJOLI, Luigi. *Derecho y razón.Teoria del Garantismo Penal,* p. 549-551.

[242] Idem, p. 578-580.

a acusação e a defesa, e o juiz, terceiro imparcial, a quem corresponde a decisão. A estrutura triangular conta com três garantias primárias ou fundamentais: a hipótese acusatória, a carga de prova que pesa sobre a acusação e o direito à defesa, que cabe ao imputado. Em um segundo nível, estão as garantias secundárias: publicidade, oralidade, legalidade dos procedimentos e motivação das decisões ou garantia de seu caráter cognitivo.

Lopes Junior,[243] tendo como ponto de partida o sistema de garantias desenvolvido por Ferrajoli, propõe um conjunto de seis princípios básicos que devem fazer parte do Processo Penal, identificado com o modelo acusatório e garantista. Tais princípios, segundo o autor, são: jurisdicionalidade; irrevogabilidade do juízo; separação das atividades de julgar e acusar; presunção de inocência; contradição e defesa; e fundamentação das decisões judiciais.

Como alternativa para tornar mais preciso o enfoque utilizado neste trabalho, optou-se por selecionar três, dentre os princípios propostos: *separação das atividades de julgar e acusar, direito à defesa técnica e autodefesa e fundamentação das decisões judiciais*. Esta escolha justifica-se em função de que os elementos propostos são a expressão clara da estrutura acusatória do processo, na qual o exercício claro dos papéis determinados deve garantir especialmente a imparcialidade do juízo.

Para Chiovenda,[244] o processo não é apenas uma unidade de objetivos comuns, é uma unidade jurídica, uma relação jurídica. Antes que se possa julgar um pedido de atuação da lei, é produzido um estado de pendência. Durante este estado, as partes devem ser colocadas em situação de fazer valer suas possíveis razões. Independente do direito em relação à ação que só uma parte tem, durante o processo ambas as partes têm o direito de pronunciarem-se, e o juiz tem obrigação para com elas.

O processo representa, explica o autor,[245] uma potência em ato, por isso, relação jurídica. Tal relação jurídica é de direito público, pois sua natureza funda-se na vontade da lei que obriga o juiz a pronunciar-se em relação ao pedido das partes, independente do que o direito substantivo disponha. As partes, por sua vez, têm deveres para com o juiz e deveres entre si, sendo que o direito fundamental em questão na relação jurídica é de instalação da lide e, em decorrência, de realização de todos os impulsos e atos do processo. A relação processual, portanto, tem três sujeitos: o órgão revestido da jurisdição, com competência para tanto, e duas partes

---

[243] LOPES JUNIOR, Aury. *Sistemas de Investigação preliminar no Processo Penal*. 2ª edição, p. 13-19. LOPES JUNIOR, Aury. A instrumentalidade Garantista do Processo de Execução Penal. In: CARVALHO, Salo de. *Crítica à Execução Penal, Doutrina Jurisprudência e Projetos Legislativos*, p. 453-472.

[244] CHIOVENDA, Giuseppe. *Instituições de Direito Processual Civil*, p. 77-78.

[245] Idem, p. 79-82.

reconhecidas pela lei como sujeitos de direito, com capacidade de ser parte.

A concepção do processo como uma relação jurídica, conforme Lopes Junior,[246] é um avanço na superação da idéia privatista de processo, evoluindo para a concepção de que se trata de uma relação jurídica de direito público, em que o imputado não é um mero objeto do processo, mas um sujeito que exercita nele direitos subjetivos, os quais devem ser garantidos mediante tutela jurisdicional. Portanto, nessa concepção, o processo é uma relação jurídica entre as partes e, principalmente, entre o juiz e cada uma das partes, sujeitos do processo.

Em um outro enfoque, parte da doutrina[247] considera o processo uma situação jurídica, envolta em incerteza. Como uma guerra, em que cada passo estratégico dos combatentes depende do aproveitamento das oportunidades que se sucedem e do bom manuseio das armas disponíveis. No processo, a certeza do direito material dá espaço para a incerteza da vida real, na qual tudo é possível como resultado, ou como situação jurídica final.

Nesse caso, como em um jogo, é imperativo aos jogadores conhecerem as regras e dominarem seu manuseio. Diante da incerteza, não é o caso de manter a ilusão sobre a segurança da relação jurídica processual, mas sim garantir que existam regras mínimas a serem respeitadas pelas partes. Regras com o conteúdo axiológico do respeito aos direitos fundamentais do imputado.

Como já foi visto neste livro,[248] a Convenção Internacional dos Direitos da Criança e a doutrina de proteção integral, nela contida, asseguram direitos a todas as crianças e adolescentes frente ao estado. Deste reconhecimento, de "*status* jurídico" próprio para a infância, decorre que durante o processo os adolescentes devem ser encarados como sujeitos de direitos, e não como objetos, portanto, em necessária relação jurídica. Por outro lado, devem ser encarados como sujeitos processuais, com capacidade de buscar e aproveitar oportunidades em sua defesa, ao mesmo tempo em que se submetem à jurisdição.

Assim, o objetivo da definição dos princípios básicos de um processo garantista é constituir, a partir de um modelo ideal de processo acusatório, os parâmetros de avaliação dos processos em concreto, enquanto regras mínimas do jogo processual. Nessa direção, far-se-á, a partir deste mo-

---

[246] LOPES JUNIOR, Aury. A instrumentalidade Garantista do Processo de Execução Penal. In: CARVALHO, Salo de. *Crítica à Execução Penal, Doutrina Jurisprudência e Projetos Legislativos*. p. 451-452.

[247] LOPES JUNIOR, Aury. *Introdução Crítica ao Processo Penal (fundamentos da instrumentalidade garantista)*. p. 58-68.

[248] Este tema foi abordado em profundidade no Capítulo II deste trabalho.

mento, o desenvolvimento conceitual de tais princípios, relacionando-os com sua manifestação no texto do Estatuto da Criança e do Adolescente.

5.2. Separação das atividades de julgar e acusar

5.2.1. Estrutura triangular do processo

A separação de papéis entre o juiz e a acusação é o primeiro e mais importante elemento constitutivo do modelo acusatório. O papel de parte, em posição de igualdade com a defesa, faz com que o órgão de acusação não tenha nenhum poder sobre o acusado. Tal situação é garantia da imparcialidade do juiz, conforme Ferrajoli,[249] primeira de suas garantias orgânicas. De outra parte, diz o autor, a carga de acusação e de prova, como responsabilidade da acusação, são as primeiras garantias processuais do juízo.

Para Carnelutti,[250] a chave do processo está na concepção de partes e na real parcialidade destas em relação ao juiz. Denominam-se partes os sujeitos de um contrato, ou do contraditório. Mas, segundo o autor, o significado de parte é muito mais profundo: "todas as coisas e todos os seres humanos são partes".[251]

Portanto, aqueles que estão diante do juiz para serem julgados são partes, e o juiz, por sua vez, não é parte, ele está superpartes. O juiz localiza-se no alto da relação processual, e o acusado e o defensor estão embaixo. Assim, está equivocado se o Ministério Público se coloca ao lado do juiz, pois nesse caso não irá ocupar seu lugar de parte.

O julgamento do juiz estabelece quem tem razão a partir das frações de verdade que cada um julga ter alcançado. "Quanto mais razões se exponham, mais será possível que, conciliando-as, alguém se aproxime da verdade".[252] A parcialidade da defesa e da acusação é a possibilidade de se obter a imparcialidade do juiz.

5.2.2. Ministério Público: parte

O papel do Ministério Público, ao exercer a titularidade de promover a ação penal, decorre de possuir a representação do interesse do estado de penar. Apenas esta tarefa bem delimitada permite a separação clara de atribuições em relação à defesa e ao juiz.

---

[249] FERRAJOLI, Luigi. *Derecho y razón.Teoria del Garantismo Penal*, p. 567.
[250] CARNELUTTI, Francesco.*As misérias do Processo Penal,* p. 30-40.
[251] Idem, p. 30.
[252] Idem, p. 40.

Para Aroca,[253] o Ministério Público é uma criação artificial, que serve para tornar possível o processo, mantendo seu esquema básico. Assim, o Ministério Público converte-se em parte acusadora, devendo atuar, para que exerça a legitimidade que a lei lhe confere, dentro do princípio da legalidade. A atribuição de parte acusadora e sujeita à legalidade não converte o Ministério Público em titular de direito subjetivo algum, visto que a aplicação do Direito Penal ao caso concreto continua sendo monopólio dos tribunais. No entanto, para que isso ocorra através de um verdadeiro processo, é necessário que alguém formule a acusação, e, com este fim, existe o Ministério Público.

Cabe destacar que tanto a Constituição Federal quanto o Estatuto da Criança e do Adolescente definem competências para o Mistério Público que possibilitam ir bem mais além da tarefa processual acusatória. No caso do Estatuto, tais atribuições estão definidas no Capítulo V, cabendo destacar o inc. VIII do art. 201: *"zelar pelo efetivo respeito aos direitos e garantias legais assegurados às crianças e adolescentes, promovendo as medidas judiciais e extrajudiciais cabíveis"*.

Garrido de Paula[254] destaca que a ordem constitucional pátria atribuiu ao Ministério Público a função de defesa e concretização dos valores fundamentais da sociedade: a defesa da ordem jurídica, do regime democrático e dos interesses sociais e individuais indisponíveis. O Ministério Público, portanto, é defensor, por mandato constitucional, dos direitos das crianças e dos adolescentes, na medida de sua indisponibilidade.

No entanto, aprofunda o autor,[255] a defesa dos direitos não se confunde com a defesa dos adolescentes, nem tampouco pode ser confundida com a função exercida no processo pela assistência técnica de um advogado, a quem cabe a defesa dos interesses particulares em conflito. É necessário que assim seja para que se exerça o princípio do contraditório. No âmbito do processo socioeducativo, cabe ao Ministério Público a promoção da ação socioeducativa e, neste caso, atua representando o interesse social que se materializa na efetiva aplicação das sanções previstas na Lei para o adolescente que cometeu um ato infracional. Assim, tem o Ministério Público, conforme o autor, dupla função: defesa dos direitos indisponíveis dos adolescentes e, no âmbito do processo socioeducativo, defesa dos interesses sociais, que estão em conflito com os interesses particulares do adolescente em questão.

---

[253] AROCA, Juan Monteiro. *Principios Del Proceso Penal – Uma Explicación basada em la razón*, p. 50-58.

[254] GARRIDO DE PAULA, Paulo Afonso. El Ministério Público y los Derechos Del Nino y Del Adolescente em el Brasil. In: *Justicia y Derechos Del Nino*, p. 49.

[255] Idem, p. 53.

Mesmo existindo clara fundamentação conceitual, a tarefa de zelo pelos direitos difusos e coletivos e da legalidade, propriamente dita, confunde-se durante o processo com a função a ser exercida pela defesa, ou mesmo pelo juiz. É comum observarmos os operadores do processo atuando como se todos tivessem interesses convergentes e como se suas intervenções expressassem sempre a busca do "bem-estar" dos adolescentes.

Por outro lado, costuma-se justificar a atuação do Ministério Público, para além de sua função de acusação, diante da inércia, da insuficiência ou da ineficácia dos outros sujeitos do processo. A partir da inexistência de defesa qualificada, ou mesmo de juízes comprometidos com o controle da legalidade ou despreocupados com a solução do conflito em questão, estaria o Ministério Público chamado a agir. Desempenharia, portanto, tarefas para além de sua restrita competência sob justificativa da sua imparcialidade, enquanto órgão estatal que deve zelar pelo interesse público.

Afirma categoricamente Lopes Junior:

"E não se invoque a imparcialidade do Ministério Público para justificar a deficiência estatal dos serviços de defensoria pública ou por qualquer outro motivo, simplesmente porque ela não existe. É uma monstruosidade jurídica acreditar na imparcialidade de uma parte (...)".[256]

Segue o autor, explicando que na doutrina são muitas as críticas a esta suposta imparcialidade, sendo que merece destaque especial o enfoque repetidas vezes dado ao tema por Carnelluti, o qual trata simplesmente da impossibilidade de tal situação, comparando-a "*à impossibilidade de quadradura de um círculo*",[257] mas também de sua inutilidade para o processo.

Refere ainda Lopes Junior[258] a posição de Goldschimidt que entende a alegação de imparcialidade como um "erro psicológico", na medida em que levaria a mesma pessoa a exercer funções antagônicas como acusar, defender e julgar.

Na prática processual, a restrição de competência do Ministério Público desdobra-se principalmente em duas atividades: iniciativa postulatória e iniciativa probatória. Tais tarefas são responsáveis por garantir a igualdade entre as partes e a imparcialidade do juízo.

---

[256] LOPES JUNIOR, Aury. *A instrumentalidade Garantista do Processo de Execução Penal*. In: CARVALHO, Salo de. Crítica à Execução Penal, Doutrina Jurisprudência e Projetos Legislativos, p 457.
[257] Ibidem.
[258] Ibidem.

5.2.3. Criminalização de comportamentos

Na prática jurisdicional da infância e da juventude observa-se uma relação de muita proximidade entre o órgão acusador, o Ministério Público, e o juiz. Na grande maioria das situações, o que existe é uma atuação acordada entre os dois órgãos e uma divisão de tarefas operacionais.

Isso talvez possa explicar-se pela organização administrativa e funcional dos Juizados da Infância e da Juventude. No caso do Rio Grande do Sul, por exemplo, existe, em geral, um juiz e um promotor de justiça titulares, responsáveis pela organização e estruturação geral do trabalho, sendo substituídos eventualmente em seus impedimentos. Esta atuação permanente, em conjunto, faz com que sejam acordados procedimentos administrativos e mesmo posições jurisdicionais.

Diante dessa parceria de atuação, que acaba caracterizando a especialidade da Justiça ou do Direito da Infância e da Juventude, os defensores constituem-se como estranhos ao ambiente do Juizado e à relação entre promotores e juízes. Os advogados particulares são muito poucos, tendo em vista o público de adolescentes que está afeto à jurisdição, que geralmente é pertencente às mais baixas camadas sociais. Os defensores públicos são em muito menor número que promotores e juízes e respondem nas comarcas por vários ramos do Direito. E os advogados dativos, nomeados quando inexiste outro tipo de defensor, não chegam a estabelecer maior vínculo, seja com seus clientes, seja com os promotores e juízes.

Os adolescentes são freqüentadores das Promotorias da Infância e da Juventude; os familiares procuram os promotores buscando solução para seus problemas de caráter social e de relacionamento; a comunidade apela por providências que, de preferência, tirem de circulação por algum tempo os adolescentes perturbadores da ordem; e o promotor, por sua vez, reúne o conjunto de "desvios de comportamento", que em outros contextos poderiam ser considerados característicos da adolescência, como brigas com os pais, saída de casa ou mesmo envolvimento com drogadição, e buscam enquadrar tais atitudes como atos infracionais.

Os juízes, identificados com as dificuldades enfrentadas pelos promotores, admitem a tramitação de processos de apuração de atos infracionais com estas características e acabam por aplicar a medida socioeducativa de internação, a qual parece satisfazer a todos: promotor, familiares, comunidade, como se desde o princípio do processo houvesse um consenso de interesses em torno do suposto "bem-estar" dos adolescentes.

De outra parte, quando se busca o enquadramento de comportamentos característicos de determinado contexto ou grupo social enquanto tipos penais – e isto é admitido como válido na continuidade do processo – trata-se de uma utilização indevida do princípio da legalidade penal.[259]

Mendéz,[260] ao analisar a questão, ainda referindo-se ao período em que vigorava a doutrina da situação irregular, afirma que o princípio da legalidade torna-se um luxo, destinado a sujeitos fortes em que os direitos de cidadania são respeitados. Segundo o autor, aos menores o tratamento reservado era outro, ainda que se chegasse à conclusão de que não havia o delito, ou que determinado fato criminoso não contou com a participação do imputado, aplicavam-se medidas de proteção, justificando perigo moral ou material. Hoje, sob a vigência de nova doutrina e nova legalidade, vê-se que a situação se repete.

Em um enfoque criminológico, Baratta[261] aborda o tema quando trata dos conceitos desenvolvidos pela corrente de pensamento do *labelling approach*, útil para a compreensão, ainda que parcial, da realidade do sistema penal nos dias de hoje. Seus autores entendem que se aplica uma etiqueta quando alguém pratica um delito que foi definido pela lei penal, portanto, criminalizado. O desviado é aquele sobre quem é aplicado com êxito o sistema penal, seu comportamento não é em si desviante, mas sim é definido como tal.

A partir da prática de algum comportamento, existe uma reação social maior ou menor. A intensidade dessa reação social é que define se determinado comportamento é desviante ou não, ou, dito de outra forma, o significado social que se atribui a tal ato, que varia dependendo do contexto, o torna desviante. Um ato pode ser considerado desviante para um grupo social e não sê-lo para outro.

Portanto, apenas alguns comportamentos são considerados desviantes, e esse processo de definição cumpre funções sociais. Existe, segundo Larrauri,[262] maior ou menor vulnerabilidade de determinados grupos so-

---

[259] Na pesquisa empírica realizada que consta na dissertação de mestrado que originou este livro, foi analisado um processo em que uma briga entre a adolescente e sua mãe, quando foram trocadas ofensas entre ambas e que após foram pedidas desculpas por parte da adolescente, transformou-se na acusação pelo crime de ameaça e de tortura, este último, crime hediondo. Em um primeiro momento, pode-se dizer que houve equívoco do promotor de justiça, que diante das opções que estão sob sua prerrogativa, conforme o art. 180 do Estatuto, de promover o arquivamento dos autos, conceder a remissão ou oferecer a representação, optou pela mais gravosa, enquadrando o comportamento em questão como fato típico. Porém, a representação foi aceita, sem nem sequer ser questionado o requisito preliminar para a instalação de um processo de apuração de ato infracional, que é a própria existência de ato infracional. O processo tramitou, e a adolescente foi condenada, sendo aplicada a medida socioeducativa mais gravosa, sob justificativas subjetivas tanto por parte do promotor como do juiz, todos considerando estarem procedendo em favor da adolescente. In: COSTA, Ana Paula Motta. *As garantias processuais como limite à violência estatal na aplicação da medida sócio-educativa de internação*, p. 225-228.

[260] MENDEZ, Emílio García. *Infância e Cidadania na América Latina*, p. 65.

[261] BARATTA, Alessandro. *Criminologia Crítica e Crítica do Direito Penal*, p. 87-92.

[262] LARRAURI, Helena. *La Herencia de la criminogía crítica*, p. 29-33.

ciais para que se constituam como alvo do processo de etiquetamento. A ação dos órgãos de controle é dirigida a determinados atos e a certos sujeitos, dependendo da imagem, posição social do autor e da vítima, tipo de organização policial e da política de segurança implementada. O sistema penal guia-se por estereótipos. Embora os delitos ocorram em todos os estratos sociais, seu controle é relativo, dependendo de quem e em que circunstância os praticam.

Em realidade, estas práticas dos adolescentes, que eventualmente são enquadradas como tipos penais, são problemas de natureza social e não jurisdicional, que são admitidos como processos ou por razões subjetivas do contexto, demonstrando a sobrevivência da cultura típica da doutrina da situação irregular, ou refletem o apelo da comunidade, que é a expressão objetiva da sociedade punitiva.

Conforme Saraiva,[263] passados tantos anos da promulgação do texto da Convenção dos Direitos da Criança, ainda se observa no Brasil a resistência em libertar-se da doutrina da situação irregular, presente na cultura nacional e, por evidente, em setores do próprio Poder Judiciário, onde a resistência ao novo às vezes se faz de forma expressa, às vezes de forma subliminar. Esta última, segundo o autor, é mais perversa do que a primeira, pois "se diz estar cumprindo a nova ordem, porém apenas o fazendo aparentemente, aplicando a velha doutrina travestida do novo".[264]

Vê-se que a incidência de criminalização de comportamentos sociais não tem relação direta com a necessidade de respeito da garantia de separação das atividades de julgar e acusar. No entanto, a formalidade processual e a compreensão de que o promotor de justiça é parte acusatória tem direta influência na possibilidade de o juiz assumir sua função jurisdicional nos limites da legalidade. E, ainda, se o Ministério Público assume claramente seu papel de acusação, interpreta-se, como se necessária fosse a defesa. Assim, o direito de ser assistido por um defensor, que represente o imputado enquanto resistência à pretensão estatal que lhe prejudique, adquire maior sentido.

Portanto, para a garantia da estrutura triangular do processo, que se identifica com o modelo acusatório e garantista de processo, é essencial que, especialmente, o Ministério Público assuma claramente sua função de acusação, portanto, sua parcialidade. Essa tarefa é instrumental enquanto garantia da legalidade e da jurisdicionalidade em sentido mais amplo.

---

[263] SARAIVA, João Batista Costa. *Desconstruindo o Mito da Impunidade – Um Ensaio de Direito Penal Juvenil*, p. 87.
[264] Ibidem.

5.2.4. Iniciativa postulatória

A iniciativa postulatória se expressa na acusação como ato introdutório do juízo. Trata-se de uma atividade procedimental, que é o elemento de introdução do processo. Afirma Ferrajoli[265] que a garantia procedimental de acusação deve ser restrita e justificar-se fundamentada ao menos na probabilidade de culpabilidade. Deve, também, ser completa, para permitir ser refutada pela defesa. Além disso, deve ser oportuna, permitindo tempo de defesa, devendo ser notificada de forma expressa e submetida à refutação desde o primeiro ato do juízo, que é o interrogatório do imputado.

Portanto, a legislação deve prever instrumentais para que seja buscada a responsabilidade subjetiva do acusado, enquadrando sua suposta conduta no rol taxativo de crimes tipificados pelo Código Penal. Estes requisitos, acrescidos das circunstâncias em que tenham ocorrido os fatos, quando adequadamente descritos na peça inicial da acusação, permitem, de um lado, a definição da limitação em que deverá desenrolar-se o processo e, de outro, a possibilidade de o contraditório ser constituído desde esta fase inicial.

Conforme já foi referido,[266] porém buscando aprofundar o tema com a contribuição de Garrido de Paula,[267] cabe lembrar que, de acordo com a previsão no Estatuto da Criança e do Adolescente, o processo instala-se para a investigação do feito, não dependendo, portanto, de prova previamente constituída acerca da autoria e materialidade do suposto delito (art. 182 do ECA), a qual deverá ser produzida durante o processo, visto que na Lei estatutária não há previsão da necessidade de inquérito policial prévio e da apresentação de prova de autoria e materialidade na representação.

Tal situação remete à abordagem acerca dos diferentes atores responsáveis pela investigação preliminar no Processo Penal, tema enfocado à exaustão por Lopes Junior. Conforme o autor,[268] há uma tendência na atualidade de supererar-se modelos, como o brasileiro, destinados aos adultos, que atribuem à polícia a tarefa do inquérito policial como forma de investigação, especialmente a partir da constatação do alto grau de discricionalidade exercido por este órgão na etapa pré-processual.

Enquanto tendência mais avançada, aponta o autor,[269] estaria a opção feita por alguns ordenamentos jurídicos da atualidade que remetem tal

---

[265] FERRAJOLI, Luigi. *Derecho y razón. Teoria del Garantismo Penal*, p. 606-610.
[266] Tema abordado durante o subitem "O Modelo Processual Penal Previsto no Estatuto da Criança e do Adolescente".
[267] GARRIDO DE PAULA, Paulo Afonso. El Ministério Público y los Derechos Del Niño y Del Adolescente en el Brasil. In: *Justicia y Derechos Del Niño*, p. 70.
[268] LOPES JUNIOR, Aury. *Sistemas de Investigação preliminar no Processo Penal*, p. 57-53.
[269] Idem, p. 77-89.

tarefa ao Ministério Público, procedimento que teria maiores vantagens do que desvantagens, em comparação com o anterior, especialmente porque a investigação preliminar serve à formação da opinião do titular da ação penal pública, que é o próprio Ministério Público. O promotor, ao dirigir a atividade da Polícia Judiciária, exerceria sobre ela maior controle, reduzindo o grau de discricionariedade normalmente exercido pela polícia.

Conforme Lopes Junior,[270] a investigação preliminar, em fase pré-processual, não faz parte do processo judicial, propriamente dito, destina-se, outrossim, à formação de convicção da acusação. Trata-se, de acordo com o autor, de "um instrumento a serviço do instrumento-processo",[271] servindo como subsídio para evitar acusações e processos infundados, para buscar os fatos ocultos e para salvaguardar a sociedade. Sendo assim, tem natureza distinta do processo judicial propriamente dito: seus atores são outros, seu objeto é outro e as garantias que respaldam o acusado na fase policial também são distintas.

No caso do Estatuto da Criança e do Adolescente, a fase policial está prevista com celeridade, muito vinculada com a etapa pré-processual realizada pelo Ministério Público. Na descrição do conjunto de procedimentos dessa fase (arts. 171 a 179 do ECA), o legislador, inclusive, omitiu-se quanto à necessidade específica da presença de defensor, sendo, porém, imperativa a oitiva do adolescente, tanto na delegacia como por parte do promotor público e, ainda, necessária a presença de seus pais ou responsáveis.

Pode-se dizer que o modelo de investigação preliminar proposto, embora dispense o inquérito policial, referindo-se apenas a documentos mais céleres, como boletim de ocorrência, auto de apreensão ou relatório das investigações (arts. 175, 176 e 177 do ECA), todos eles vinculados à constituição das informações para o Ministério Público, não se trata, exatamente, de um modelo de investigação preliminar ao encargo do Ministério Público. Saraiva,[272] por exemplo, ao abordar o tema, interpreta que esta função administrativa exercida pelo Ministério Público trata-se de sobreposição de instâncias de controle sobre a prática dos atos de instrução.

Está claro, no entanto, que cabe ao Ministério Público a avaliação sobre a propositura da ação socioeducativa, sendo-lhe atribuída inclusive a competência de transação com a possibilidade de aplicação da remissão, ou arquivamento dos autos (art. 180 do ECA). Porém, como a repre-

---

[270] LOPES JUNIOR, Aury. Op. cit., p. 29-41.
[271] Idem, p. 39.
[272] SARAIVA, João Batista Costa. *Direito Penal Juvenil, Adolescente e ato infracional, garantias processuais e medidas socioeducativa*, p. 76.

sentação pode ser apresentada mesmo sem prova pré-constituída da autoria e da materialidade (art. 182, § 2º, do ECA), na realidade sua avaliação não precisa estar embasada na investigação preliminar, independente de esta estar diretamente ao seu encargo ou da autoridade policial.

Portanto, partindo-se da lógica e da intenção demonstrada pelo Legislador do Estatuto, o anexo de documentos pré-processuais ao processo judicial justifica-se na medida que integrem a representação promovida pelo Ministério Público. Nesse sentido, caracterizariam-se como provas apresentadas pela acusação, passíveis de contestação por parte da defesa, portanto, seriam considerados documentos integrantes do processo, porém não supostamente imparciais.

Pode-se afirmar que a atribuição específica do Ministério Público de iniciativa postulatória está assim prevista na Lei 8.069/90. Por outro lado, a falta de precisão dos requisitos para a apresentação da ação socioeducativa acaba por gerar imprecisão na acusação, o que irá dificultar a defesa e o contraditório durante o processo. De forma complementar, pode-se dizer que a imprecisão legal quanto ao rito ou à competência da investigação pré-processual, faz com que a investigação durante o processo conte com documentos que servem à acusação, mas que não são constituídos formalmente como iniciativa de prova contra o acusado.

Outro aspecto que se destaca no olhar sobre alguns processos da Justiça da Infância e da Juventude diz respeito à forma como são redigidas as peças acusatórias. Os textos são curtos, seguem as formalidades de praxe, ao qualificar os adolescentes, relatar os fatos que caracterizariam atos infracionais e fazer o enquadramento das condutas no Código Penal. No entanto, optam por qualificar ao máximo a personalidade do adolescente, e não o ato infracional de que está sendo acusado. Observa-se, ainda, uma falta de preocupação com a profundidade jurídica e com a qualidade da redação das peças, algumas vezes tornando as acusações incompreensíveis.

Conforme está expressamente previsto no art. 111 do ECA, o adolescente tem direito ao pleno e formal conhecimento do ato infracional que lhe é atribuído, e isso se viabiliza, não só pela citação formal, mas também pela compreensão do texto da peça introdutória ao processo. De acordo com Carvaho e Wunderlich,[273] toda pessoa tem direito a comunicação prévia e pormenorizada da acusação a ela formulada, assim, imputações evasivas e abstratas, fatos narrados sem taxativa determinação, perdem a legitimidade e a legalidade, especialmente por tornarem-se dificultadores do direito à defesa e ao contraditório.

---

[273] CARVALHO, Salo de e WUNDERLICH, Alexandre. Criminalidade Econômica e Denúncia genérica: Uma prática Inquisitiva. In: BONATO, Gilson (org.). *Garantias Constitucionais e Processo Penal*, p. 217.

Neste sentido, observa-se que a falta de redações objetivas e claras e a não-priorização da boa técnica jurídica, além de dificultarem efetivamente a defesa, revelam a concepção doutrinária que perpassa muitos processos da Justiça da Infância e da Juventude, de que não se trata de matéria de Direito, ou trata-se de um "Direito menor", de natureza social, ou de menor importância.

Saraiva[274] reforça esta noção, relatando que o imaginário norteador de muitos dos operadores do Direito, até hoje, é de que a Justiça da Infância e da Juventude não se ocupa da "nobreza do mundo jurídico", e de que trataria de "questões ajurídicas", não científicas, em uma idéia de jurisdição autônoma e subalterna.

Em realidade, os elementos aqui destacados como a ausência de respeito a garantias fundamentais, as justificativas subjetivas e a discricionariedade revelam a equivocada interpretação acerca da natureza jurídica da medida socioeducativa. O caráter sancionatório e aflitivo da privação de liberdade parece não ser efetivamente considerado, nem pela acusação, nem pelos demais operadores jurídicos.

A efetiva separação das atividades de julgar e acusar, que poderia possibilitar a realização de processos com a adequada atuação das partes, permitiria o debate jurídico onde seriam tratados os problemas de violação de direitos aqui apresentados. Como a distinção de papéis entre os operadores jurídicos não pode eventualmente ser observada, vê-se que fica prejudicado o conteúdo acusatório dos processos e, por conseqüência, a jurisdição.

5.2.5. Iniciativa probatória

A ausência da formulação da prova no momento da propositura da ação relaciona-se com a outra competência específica do Ministério Público, que diz respeito à iniciativa na produção de provas. Este fator, conforme já foi visto neste trabalho, é considerado definidor na diferenciação dos modelos processuais de tipo inquisitório e acusatório.

Parte-se da compreensão de que o movimento processual probatório cabe à acusação, e não ao imputado, a quem está assegurado o princípio de presunção de inocência até que se prove o contrário. Por outro lado, a rígida separação de papéis entre os atores do processo, característica do modelo acusatório, impede que a carga de prova seja assumida por outros sujeitos que não a acusação, nem pelo imputado, nem pelo juiz. Ao juiz devem estar proibidas as funções de acusação, como, por exemplo, a

---

[274] SARAIVA, João Batista Costa. *Desconstruindo o Mito da Impunidade – Um Ensaio de Direito Penal Juvenil*, p. 91.

iniciativa na produção de provas buscando esclarecer fatos que não constam devidamente comprovados no processo.

Esta tarefa, restrita da acusação, é decorrente direta da garantia processual e do direito fundamental previsto na Constituição brasileira, que é a presunção de inocência de todo e qualquer cidadão. Este princípio, conforme Lopes Junior,[275] exige o tratamento do imputado como um cidadão inocente, que, em sendo alvo de acusação, cabe ao autor dessa acusação a prova dos fatos a ele imputados.

Trata-se da garantia da manutenção do estado de inocência até que a sentença condenatória tenha transitado em julgado. Deste princípio decorrem diversas conseqüências, sendo que se pode verificar a qualidade de um sistema processual através do quanto é de fato observado. Exige do juiz não só uma postura negativa, não considerando culpado o acusado, mas positiva, tratando-o efetivamente como inocente. Portanto, o julgamento deve dar-se sobre um inocente, o qual requer todas as garantias processuais para sua preservação, estabelecendo regras básicas para o julgamento.

Para Ferrajoli,[276] a importância garantista desse princípio está tanto na regra de tratamento do imputado, que exclui ou restringe ao máximo a limitação de sua liberdade, quanto na regra do juízo, que impõe a carga de prova à acusação ou até mesmo a absolvição em caso de dúvida.

Nesse sentido, impondo-se a absolvição do imputado caso a culpabilidade não seja efetivamente provada, devem reduzir-se, ao máximo, todas as formas que restringem seus direitos durante o processo, visto que são direitos de alguém inocente. Também decorre da presunção de inocência que a sentença condenatória deva ser devidamente fundamentada, demonstrando os motivos que levaram ao convencimento do juiz, nos termos e limites da lei, de que o imputado, até então inocente, é julgado culpado.

De outra parte, a iniciativa probatória, como atribuição restrita da acusação, permite a clara diferenciação de papéis entre o Ministério Público e o juiz. Ao promotor de justiça cabe promover as provas da acusação, e ao juiz cabe manter-se inerte, como requisito para sua imparcialidade formal no processo. Quando o juiz sai de seu posto na estrutura triangular do processo, desce ao local de acusador, confundindo os papéis processuais e perdendo a possibilidade de atuação enquanto garantidor da legalidade e da jurisdicionalidade.

Este juiz, acusador, é também inquisidor e, portanto, típico do processo de modelo inquisitório. Para além de produzir provas, sua atuação no processo é no sentido da busca de uma verdade substancial, para a qual

---

[275] LOPES JUNIOR, Aury. *Sistemas de Investigação preliminar no Processo Penal*, p. 15-16.
[276] FERRAJOLI, Luigi. *Derecho y razón.Teoria del Garantismo Penal*, p. 549-559.

menos importam as formalidades previstas nos ritos do processo, enquanto meios legais para a obtenção de provas, sendo mais importantes os fins a que se destina.

No caso do Estatuto da Criança e do Adolescente, a Lei é clara quando afirma que o adolescente somente pode ser condenado, e a ele aplicada medida socioeducativa, caso seja comprovada sua autoria no cometimento de ato infracional, portanto, comprovada sua autoria e materialidade durante o processo (arts. 114 e 189, IV, do ECA). Ao adolescente é garantido o direito de produção de provas em sua defesa (art. 111, inc. II, do ECA). Também está garantida a presunção de sua inocência, em decorrência de mandato constitucional e a partir da leitura sistêmica da Lei estatuária, ou mesmo considerando-se diretamente o dispositivo do art. 189 do Estatuto. Pode-se dizer, no entanto, não há previsão específica que trate sobre a responsabilidade na produção das provas como tarefa do órgão acusador.

Assim, não há necessidade de produção de provas como requisito para a representação e, durante o processo, a legislação permite interpretações diversas sobre a competência probatória. Mais uma vez, este tema expressa que predomina na realidade processual da infância e da juventude uma cultura de informalidade e discricionariedade, expressão objetiva da não-internalização das garantias processuais.

Cabe aqui um destaque em relação às provas testemunhais. Como exceção ao que já foi referido, a legislação estabelece que a representação inicial deve apresentar o rol de testemunhas. Este tipo de prova costuma ser o mais utilizado, valorado e considerado suficiente, mesmo quando os atos infracionais deixam vestígios, o que exigiria constituição de provas periciais (art. 158 do CPP).

É comum observar-se processos em que as acusações e as decisões judiciais estiveram embasadas restritamente nas provas testemunhais, sem nem mesmo serem respeitados procedimentos formais para a oitiva das testemunhas, como manifestação em primeiro lugar das testemunhas de acusação e depois da defesa e a presença dos adolescentes imputados, ou de seus defensores, quando dos depoimentos. Ou ainda, vê-se com freqüência a valoração de depoimentos prestados na fase policial, que são contraditórios com outros prestados durante o processo pelas mesmas testemunhas.

O tema da oitiva e valoração de testemunhas tem direta relação com o momento da oitiva do adolescente imputado. Oferecida a representação, a autoridade judiciária deve designar a audiência de apresentação, onde todos os envolvidos, em especial o adolescente, serão ouvidos. Trata-se, portanto, do momento do interrogatório perante o juiz.

A oitiva do adolescente, conforme Garrido de Paula,[277] seria o típico momento do sistema processual previsto na Lei especial em que deveria ser aplicado o disposto no art. 152 do Estatuto, ou seja, de forma subsidiária aplicarem-se os dispositivos dos arts. 185 a 196 do Código de Processo Penal, os quais foram alterados pela Lei 10.792/2003 e tratam dos procedimentos do interrogatório, além das normas inseridas nos arts. 197 a 200 do mesmo Código, que dizem respeito à forma de valorização relativa da confissão como prova.

Cabe salientar que a legislação processual descreve minuciosamente os passos a serem seguidos pelos operadores processuais durante o interrogatório e, principalmente após sua última alteração, assegura, de forma expressa, a necessidade da presença do defensor durante o interrogatório, o direito de o acusado entrevistar-se em separado com seu defensor antes do início do interrogatório, e mesmo a possibilidade de manifestação das partes após a conclusão dos questionamentos feitos pelo juiz. Já o Estatuto da Criança e do Adolescente não prevê um rito específico previsto para o momento da audiência de apresentação, e a doutrina praticamente não aborda o tema. A prática processual costuma ser de informalidade, com especial valoração da manifestação do adolescente nos casos em que ele admite a autoria do delito que lhe é imputado.

Ainda com relação à constituição de provas, nos processos judiciais encontram-se vários tipos de documentos externos que dizem respeito à trajetória delituosa, ou mesmo pessoal, do adolescente como declarações dos Conselhos Tutelares ou das escolas por eles freqüentadas. O objetivo da inclusão destes documentos não é claro, mais parecendo ser o de comprovar as características do adolescente. Não se destinam, portanto, a provar a tipicidade, antijuridicidade e culpabilidade de sua conduta.

Por outro lado, o fato de os documentos integrantes dos processos revelarem a intenção de constituir prova não sobre os fatos imputados, mas sim sobre a personalidade dos adolescentes, demonstra um retorno à concepção de Direito Penal do autor, e não do fato, prática processual característica do modelo processual inquisitório, e não acusatório, identificada com o paradigma etiológico.

Nesse sentido, aborda Carvalho,[278] afirmando que a noção de periculosidade do réu, ou outras figuras de qualificação geral de sua personalidade, fazem parte de uma tendência das ciências criminais, renovada no séc. XX, de refluxo do pensamento garantista e reedição do pensamento

---

[277] GARRIDO de PAULA, Paulo Afonso. In: CURY, Munir, AMARAL e SILVA, Antônio Fernando e MENDEZ, Emílio García org. *Estatuto da Criança e do Adolescente Comentado – Comentários jurídicos e sociais*, p. 525-526.
[278] CARVALHO, Salo de. *Penas e Garantias: uma leitura do Garantismo de Luigi Ferrajoli*, p. 69-81.

etiológico, o qual tinha como base a escola positivista protagonizada especialmente por Lombroso. Agora, sob uma nova lógica, a referida vertente de pensamento integra o "movimento de defesa social", o qual se funda muito mais nas características psicológicas e de personalidade do que nas características físicas ou genéticas dos indivíduos.

Conforme o autor, observa-se a expressão deste pensamento nos dias atuais tanto na prática judicial quanto na realidade carcerária, nas quais "conceitos como de periculosidade continuam a orientar medidas absolutamente desconexas com os postulados garantidores expressos nas Constituições".[279]

Essa realidade também é observada nos processos da Infância e da Juventude, expressando a tendência de justificar o requerimento ou a aplicação da medida privativa de liberdade com base na personalidade do adolescente. Tal tendência expressa-se também nos laudos periciais, ou de equipe interprofissional, conforme prevê o art. 186 do Estatuto, os quais são solicitados pelo juiz e visam estabelecer qual a medida socioeducativa mais adequada à aplicação. Não são, portanto, requeridos pelas partes e muito menos contestados, como poderia esperar-se de provas produzidas com o objetivo de aplicar uma medida sancionatória.

De acordo com Lopes Junior,[280] a utilização dos laudos periciais como prova ou na fundamentação das decisões judiciais caminha em sentido contrário à adoção do modelo processual acusatório, visto que "qualquer avaliação sobre a personalidade de alguém é inquisitiva". Como não existe base constitucional ou legal para prognósticos de reincidência, trata-se também de uma inconstitucionalidade, especialmente ao impossibilitar por parte do imputado a refutação e a contradição acerca dos juízos de valor feitos contra a sua pessoa.

Vê-se que, no caso do Estatuto da Criança e do Adolescente, todo este conjunto de procedimentos voltados à qualificação da personalidade do agente justifica-se na abordagem do adolescente como pessoa em condição peculiar de desenvolvimento, na aplicação da medida mais adequada ao autor, ou na própria individualização da medida socioeducativa a ser aplicada.

Trata-se, mais uma vez, de uma interpretação distorcida da doutrina da proteção integral e do próprio Estatuto da Criança e do Adolescente, utilizando-se dos princípios norteadores da aplicação das medidas socioeducativas, só que em prejuízo dos adolescentes, e não em seu benefício. Para além da busca por uma verdade real, em absoluta desconsideração da

---

[279] CARVALHO, Salo de. Idem, p. 81.
[280] LOPES JUNIOR, Aury. A Imprestabilidade Jurídica dos Laudos Técnicos na Execução Penal. *Boletim IBCCCRIM*, p. 11.

verdade processual, o objetivo dos processos parece ser de justificar uma tese inicialmente já constituída de que a melhor alternativa, ou a única possível para o adolescente em questão, é a privação de liberdade, sua institucionalização. Tal postura, ou prática processual, diante de toda a fundamentação teórica desenvolvida neste trabalho, em nada se identifica com a concepção de garantia de direitos que fundamenta a Lei estatutária.

5.2.6. Imparcialidade do juízo

Todas essas questões são limites na aplicação da Lei que irão influir na possibilidade de imparcialidade do juiz, visto que, a partir da clara restrição das competências da acusação e de sua condição de parte em igualdade com a defesa, o juiz poderia assumir seu verdadeiro papel no processo. Conforme Lopes Junior:[281] solucionar os conflitos quando solicitado, só assim sendo asseguradas as condições para sua imparcialidade.

Imparcialidade que, conforme Coutinho, é preciso ser relativizada em seu conteúdo, visto que

"o juiz não é um mero sujeito passivo nas relações de conhecimento. Como todos os outros seres humanos, também é construtor da realidade em que vivemos, e não um mero aplicador de normas, exercendo atividade simplesmente recognitiva (...)".[282]

Segundo, ainda o autor, a imparcialidade deve funcionar como uma "meta a ser atingida pelo juiz"[283] no exercício da jurisdição, cabendo ao sistema processual e à legislação buscarem mecanismos capazes de garanti-la.

Para além da solução dos conflitos, no exercício da jurisdição, afirma também Lopes Junior[284] que o fundamento da legitimidade da atuação do Poder Judiciário é o reconhecimento de sua função de garantidor dos direitos fundamentais do acusado. Assim, no exercício restrito de seu papel na estrutura triangular do processo, independente e buscando a jurisdicionalidade com imparcialidade, o juiz torna-se efetivamente garantidor da legalidade.

---

[281] LOPES JUNIOR, Aury. A instrumentalidade Garantista do Processo de Execução Penal. In: CARVALHO, Salo de. *Crítica à Execução Penal, Doutrina Jurisprudência e Projetos Legislativos*, p. 457.
[282] COUTINHO, Jacinto Nelson Miranda. Introdução aos Princípios Gerais do Direito Processual Penal Brasileiro. In: *Revista de Estudos Criminais*, v. 1, p. 32.
[283] Idem, p.34.
[284] LOPES JUNIOR, Aury. Op. cit., p. 454.

5.3. Direito à Defesa Técnica e Autodefesa

5.3.1. Igualdade entre as partes: um desafio

A conseqüência natural da definição clara de papéis da acusação e do juiz é a necessidade de atuação da defesa, a qual deve também exercer seu papel. Isso para que o processo contemple sua configuração triangular e, de fato, possam ser respeitados os direitos do imputado no decorrer de seu julgamento. A igualdade entre acusação e defesa também é condição para a imparcialidade e a independência do juízo.

Conforme Aroca,[285] o princípio da contradição, considerado a força motriz do verdadeiro processo, consiste em que ninguém pode ser condenado sem ser ouvido e vencido em juízo. Nesse contexto, o direito de defesa é um direito fundamental do imputado enquanto uma parte que deve dispor de plenas faculdades processuais e que tem o direito de ser ouvido, no sentido de poder alegar e provar, rebatendo todas as matérias de fato e de direito que podem influir na decisão judicial.

A presença do defensor também deve ser vista como uma forma de controle da atuação do estado, garantindo o respeito à legalidade e à jurisdicionalidade. Afirma Lopes Junior[286] que, se o Processo Penal deve ser um instrumento de proteção aos direitos fundamentais do imputado, o defensor deve adequar-se a esta finalidade, atuando de forma a garantir de fato os direitos fundamentais e a dignidade humana daquele por ele defendido. Esta tarefa, de necessária parcialidade, torna-se também a garantia da legalidade e da constitucionalidade do processo.

Sendo uma garantia constitucional o direito à defesa, além de indispensável a presença de um advogado para a administração da justiça (art. 133 da Constituição Federal) e sendo o direito ao devido processo legal estendido aos adolescentes, torna-se indiscutível, em especial, seu direito à defesa técnica por advogado. Tal garantia encontra-se expressa no art. 227, § 3º, inc. IV, da Constituição Federal e reproduzida no art. 207 do Estatuto da Criança e do Adolescente, que dispõe sobre a impossibilidade de um adolescente ser processado por ato infracional a ele atribuído sem que haja a presença de um advogado.

Todavia, conforme ensina Carnelutti, tratando do Processo Penal em geral, a experiência de atuação do advogado costuma estar associada à humilhação. É certo que este profissional é reconhecido como alguém que

---

[285] AROCA, Juan Monteiro. *Principios Del Proceso Penal – Uma Explicación basada em la razón*, p. 139-140.
[286] LOPES JUNIOR, Aury. A instrumentalidade Garantista do Processo de Execução Penal. In: CARVALHO, Salo de. *Crítica à Execução Penal, Doutrina Jurisprudência e Projetos Legislativos*, p. 464.

colabora com a administração da justiça, porém, "ele compartilha com o acusado a necessidade de pedir e de ser julgado. Ele está sujeito ao juiz, assim como o acusado".[287]

Ter de pedir, na concepção do autor, não é necessariamente um peso, mas proveitoso. Considera que não deveria haver necessidade de pedir aquilo a que se tem direito, porém é necessário submeter o juízo próprio ao alheio. Este encargo do advogado cumpre uma função no processo.

Assim, o ajudante natural do juiz é o defensor, aquele que tem interesse em buscar todas as razões para demonstrar a inocência do réu. Ele é útil, porém perigoso. Por isso o contraponto a seus argumentos deve vir do Ministério Público."O contraditório o auxilia(o juiz), principalmente porque é um escândalo: o escândalo da parcialidade".[288]

Portanto, um dos desafios que vem sendo perseguido pelo Processo Penal, que se propõe identificado com o modelo acusatório, ao longo da história, é condição de igualdade de fato das partes e, portanto, equilíbrio da relação processual. A igualdade entre as partes é a expressão do respeito ao imputado em um Estado Democrático de Direito.

Esse desafio também é realidade no âmbito do Processo Penal Juvenil, contido no Estatuto, e, principalmente, na prática processual. Como já foi abordado neste trabalho, existem algumas lacunas na legislação estatutária quanto à previsão expressa da necessidade de presença de defensor em alguns momentos processuais específicos.[289] Destaca-se, nesse aspecto, o momento da apresentação ao Ministério Público, ainda na fase pré-processual, onde pode ser "acordada" com o adolescente a remissão, e esta pode ser cumulada com a aplicação de medida socioeducativa em meio-aberto. Também há dificuldades geradas pela falta de previsão do que deve ser feito pelo juiz caso o adolescente compareça sem defensor na audiência de apresentação (art. 184 do ECA), especialmente tratando-se de ato infracional de menor gravidade, visto que, no art. 186, § 2º, da mesma Lei, há previsão de nomeação de defensor, caso o ato infracional atribuído seja grave.

As duas situações específicas refletem-se em uma terceira, em que também não há previsão da presença de defensor. Trata-se da decretação da regressão pelo não-cumprimento, injustificado, de medida anteriormente aplicada em meio-aberto (art. 122, inc. III, do ECA). Em realidade, diante destas lacunas e de uma interpretação restritiva do Estatuto, pode ocorrer de o adolescente ter decretada uma regressão em medida de inter-

---

[287] CARNELUTTI, Francesco. *As misérias do Processo Penal*, p. 24.
[288] Idem, p. 43.
[289] Tema tratado no título "Modelo Processual Penal previsto no Estatuto da Criança e do Adolescente".

nação, pelo prazo máximo de noventa dias, sem ter sido submetido ao adequado processo de conhecimento e sem contar com a assistência de advogado.

Conforme refere Manrique,[290] as dificuldades estão para além dos limites específicos da legislação; trata-se, mais uma vez, da ausência de compreensão, na prática processual voltada para a adolescência, de que se trata de um Processo, efetivamente, Penal, de partes, onde deve existir a função de acusação e a função da defesa, a qual deve ser exercida de forma jurídica, com o objetivo central de controlar as outras partes no processo, observando que sejam cumpridos os ritos previstos na Lei e, portanto, que sejam aplicados os direitos e as garantias do seu defendido.

Ao contrário disso, em função da cultura ainda presente originária da doutrina da situação irregular, muitas vezes o defensor comporta-se como se estivesse em comum acordo com o Ministério Público, os técnicos da equipe interprofissional e o juiz, buscando, todos juntos, o que consideram melhor para o adolescente. Assim, afirma o autor,[291] concorda-se, por exemplo, que é melhor o adolescente estar internado, mesmo sem ter sido exercida sua defesa técnica, porque tal medida seria melhor para ele do que permanecer na rua ou sem o tratamento psicológico adequado.

5.3.2. Direito à defesa e a Constituição

O direito à defesa é uma garantia constitucional decorrente do princípio do contraditório e, enquanto princípio, deve ser assegurado em todas as fases do processo, sob pena de absoluta nulidade. Diz expressamente a Constituição Federal: "aos litigantes, em processo judicial ou administrativo, e aos acusados em geral são assegurados o contraditório e a ampla defesa, com os meios e recursos a ela inerentes".[292] E, conforme Coutinho,[293] tal princípio, inerente ao processo democrático, não pode ser restrito, ainda que por disposições contidas em legislação inferior, a não ser que esteja em confronto com outro princípio constitucional.

Também, a Constituição Federal prevê garantias para a atuação do advogado, as quais dizem respeito à relação deste com seu cliente; ao direito de acesso a ele, mesmo que esteja preso; ao direito de livre acesso às dependências de audiências, cartórios, delegacias; e ao direito de acesso aos autos do processo, mesmo que ainda sem procuração de seu cliente, entre outros.

---

[290] MANRIQUE, Ricardo Pérez. Sobre el Ejercicio de la Defesa de Menores Infratores. In: *Justicia y Derechos Del Nino*, n. 3, p. 166.
[291] Ibidem.
[292] Constituição Federal, art. 5º, LV.
[293] COUTINHO, Jacinto Nelson Miranda. Introdução aos Princípios Gerais do Direito Processual Penal Brasileiro. In: *Revista de Estudos Criminais*, vol. 1, p. 44-45.

Portanto, para além dos princípios programáticos e referenciais do Estado Democrático de Direito, a Constituição Federal constitui-se em instrumental processual de garantia de direitos. Percebe-se, como afirma Wunderlich,[294] reciprocidade entre o plano substancial e o plano instrumental a relação axiológica entre tais princípios e tais instrumentos, sendo que ambos os planos constituem-se na base de um modelo processual garantista.

Essa referência torna-se pertinente porque, ao analisar-se a legislação processual vigente no Brasil, seja o Código de Processo Penal, sejam os dispositivos processuais presentes no Estatuto da Criança e do Adolescente, vez ou outra se observa a ausência de instrumentalidade para a atuação da defesa, principalmente na fase instrutória do processo. Estas lacunas ou equívocos legislativos não podem justificar a não-observação de princípios constitucionais ou mesmo de normas processuais previstas na Constituição.

Nessa perspectiva, alerta Wunderlich[295] acerca da necessidade de (re)leitura e (re)interpretação das normas adjetivas infraconstitucionais à luz da ótica do Estado Constitucional. Assim, nem toda a norma integrante do ordenamento jurídico válida é também vigente, ou ainda, a ausência de norma instrumental infraconstitucional não significa a possibilidade de não-aplicação cogente dos dispositivos constitucionais cabíveis. A Constituição tem, segundo o autor, a função de verdadeira lei superior do Estado, que a todos os seus órgãos vincula.

5.3.3. Atuação da defesa

Muito embora as dificuldades da realidade processual, do ponto de vista doutrinário, o defensor no Processo Penal deve ser a antítese da acusação. Sua função deve ser de criar dúvida sobre a hipótese acusatória e a formulação de provas da acusação, viabilizando, assim, a condição para o contraditório.

Ferrajoli[296] parte da noção de que a concepção de responsabilidade pela carga de prova, como da acusação, comporta, logicamente, o direito de defesa do acusado. A principal condição epistemológica da prova é, segundo o autor, a refutabilidade da hipótese acusatória. A defesa, que normalmente não tem espaço no processo de tipo inquisitório, no processo acusatório é o mais importante instrumento de controle e de impulso sobre

---

[294] WUNDERLICH, Alexandre. Por um sistema de Impugnações no Processo Penal Constitucional Brasileiro: Fundamentos para (Re) Discussão. In: WUNDERLICH, Alexandre org. *Escritos de Direito e Processo Penal em homenagem ao professor Paulo Cláudio Tovo*, p. 22-24.

[295] Idem, p. 16-17.

[296] FERRAJOLI, Luigi. *Derecho y razón. Teoria del Garantismo Penal*, p. 613-615.

o método de produção de provas, isto porque as provas são produzidas a partir do contraditório entre a acusação e a defesa, especialmente a partir da refutação de provas de origem da acusação. Trata-se de uma investigação baseada em um conflito, que deve ser ritualizado e regulado para que as partes possam posicionar-se de forma contraposta.

No Estatuto da Criança e do Adolescente, o direito do adolescente processado de produzir provas a seu favor está previsto no art. 111, inc. II, que pode ser exercido em todos os momentos processuais, por seu advogado, em contradição com a acusação. De forma específica, cabe ao advogado, constituído ou nomeado, apresentar defesa prévia, após a audiência de apresentação e antes da audiência de continuação (art. 186, § 4º, do ECA), sendo que nesta peça deverão ser arroladas as testemunhas de defesa. Na audiência de continuação, deve ocorrer a defesa oral, por parte do defensor, que tem novamente a oportunidade, se for o caso, de contestar as provas apresentadas pela acusação.

A refutação da pretensão punitiva por parte da defesa tem, como seu pressuposto epistemológico, a taxatividade e a materialidade do tipo penal, descartando qualquer afirmativa da acusação que não possa ser refutável nem verificável. Portanto, o fundamento da defesa sempre estará relacionado ao princípio da legalidade do Direito Penal, sendo construído em meio à relação entre o fato ocorrido, o qual deve estar materializado, e o tipo penal taxativamente previsto na Lei.

Nesse sentido, uma defesa técnica, de acordo com os instrumentos previstos na Lei 8.069/90, deve partir da contestação da representação do Ministério Público, especialmente quanto à explicitação da existência ou não de ato infracional, conforme art. 103 do Estatuto, tipificado na Lei Penal. Deve questionar a formalidade desta peça acusatória, utilizando-se para isto do art. 182 do ECA, mas buscando a aplicação subsidiária da formalização prevista no Código de Processo Penal para a admissibilidade da acusação ou queixa (arts. 41 e 43 do CPP). Deve contestar a prova da materialidade e da autoria, no caso da primeira buscando a referência do art. 158 do CPP, e, no caso da segunda, buscando que seja demonstrada a efetiva relação entre a conduta do adolescente e o fato típico.

Especialmente, cabe à defesa afirmar os princípios estatutários da excepcionalidade e da brevidade da medida de privação de liberdade (art. 121 do ECA), a qual somente pode ser aplicada de acordo com a leitura literal e restrita do art. 122 do Estatuto, ainda levando-se em consideração o respeito à condição peculiar de pessoa em desenvolvimento, a proporcionalidade da medida em relação ao ato infracional e o dever do juízo de aplicá-la apenas quando não há outra medida mais adequada (art. 122, § 2º, do ECA).

Assim, é possível, através dos mecanismos que a legislação prevê, a atuação do defensor em igualdade de condições técnicas com a acusação, característica própria do modelo processual acusatório. É possível, ainda, que o defensor busque a aplicação da concepção doutrinária prevista na Lei especial, que, conforme Ferrajoli,[297] desde que sejam observadas as garantias penais e processuais, trata-se de um direito penal mínimo.

5.3.4. Autodefesa

Retomando-se a concepção do princípio do direito à defesa, tem-se que este se divide entre o direito à autodefesa e o direito à defesa técnica. No caso da primeira forma de defesa, trata-se de um direito disponível, a ser exercido diretamente pelo imputado, o que pode ser feito de forma negativa ou positiva.

O direito à autodefesa positiva consiste na possibilidade do próprio acusado de resistir pessoalmente à pretensão punitiva estatal, exercida através do acesso deste ao juiz ou de sua manifestação pessoal, principalmente durante o interrogatório.[298] Deve ser encarada como uma disponibilidade pessoal do acusado de escolha sobre a conveniência e oportunidade de sua manifestação, ou de escolha sobre sua participação nos meios de obtenção de provas. Assim, o direito à autodefesa positiva está respaldado pelo direito à autodefesa negativa, ou seja, o direito de não se auto-incriminar.

Quanto ao direito à autodefesa negativa, trata-se também de uma prerrogativa do imputado, porém uma obrigação para o magistrado, enquanto garantia de legalidade, que se traduz no dever de adverti-lo sobre tal faculdade. Trata-se do direito ao silêncio, taxativamente previsto na Constituição Federal (art.5º, LXIII), que consiste no direito de não ser obrigado a depor contra si mesmo, nem se declarar culpado.[299] O imputado não pode, portanto, ser obrigado a participar de acareações, reconstituições, fornecer material do próprio corpo para ser utilizado em exames periciais, entre outros, sendo que sua negativa não pode ser considerada delito, nem mesmo considerada em prejuízo a sua pessoa.

Trata-se, conforme Aroca,[300] do direito a ser ouvido, que consiste não apenas na possibilidade de argumentar, mas sim de compreender todos os elementos básicos do processo que lhe dizem respeito, poder alegar e

---

[297] FERRAJOLI, Luigi. Prefácio. In: MENDEZ, Emílio García e BELOFF, Mary. *Infância, Lei e Democracia na América Latina*. Trad. Eliete Ávila Wolff. v. 1, p. 8.
[298] LOPES JUNIOR, Aury. *Sistemas de Investigação preliminar no Processo Penal*, p. 313-317.
[299] Idem, p. 318-322.
[300] AROCA, Juan Monteiro. *Principios Del Proceso Penal – Uma Explicación basada em la razón*, p. 114.

provar, utilizando os meios de prova pertinentes, ou convenientes, a seu favor.

O direito de o adolescente ser ouvido tem amparo, em primeiro lugar, no art. 141 do Estatuto que dispõe sobre o acesso à justiça através da Defensoria Pública, do Ministério Público e do Poder Judiciário. Em outros momentos processuais específicos da Lei, está reproduzida esta garantia, como é o caso do art. 111, incs. I e V, do ECA, que tratam, respectivamente, do direito ao pleno e formal conhecimento da atribuição de ato infracional e do direito de ser ouvido como garantia de todo o processo. Especificamente, quanto ao Ministério Público, está previsto o direito de ser ouvido no art. 179, que dispõe sobre a apresentação a este órgão na fase pré-processual, e, ainda, no art. 124, inc. I, que trata do direito a entrevistar-se pessoalmente com o Promotor de Justiça quando estiver privado de liberdade. Perante a autoridade judiciária, está prevista sua oitiva na audiência de apresentação (art. 186 do ECA).

Em especial, refere Manrique,[301] cabe ao defensor, ao exercer assistência judiciária, comunicar-se e fazer-se entender pelo adolescente e seus familiares. Essa tarefa, que não é apenas do advogado, tem nesta figura maior efetividade, no sentido da possibilidade de estabelecer-se uma relação de confiança que permita ao jovem entender o que lhe é atribuído, quais são seus direitos e o que irá suceder-se nos próximos momentos processuais. De nada adianta a garantia do direito à autodefesa se o adolescente não entender como e por que pode exercê-la, em que situação deve falar ou ficar calado, e, principalmente, quais são as conseqüências de seu posicionamento perante o promotor ou o juiz.

5.3.5. Defesa técnica

Para que haja igualdade efetiva entre as partes, é preciso que o imputado seja assistido por advogado em condições técnicas equilibradas com o Ministério Público, portanto, em condições de competição. Assim, o direito à defesa técnica, embora não se configure como uma obrigação para o imputado, trata-se de um direito público, de interesse de toda a coletividade.

A legislação é complexa e, em não sendo obedecida, pode suscitar uma série de nulidades, o que somente pode ser apontado por profissional com formação técnica para tanto. Nesse sentido, sugere Ferrajoli,[302] acerca da necessidade da existência de um corpo de advogados estatais, que

---

[301] MANRIQUE, Ricardo Pérez. Sobre el Ejercicio de la Defesa de Menores Infratores. In: In: *Justicia y Derechos Del Nino*, n. 3, p. 168.
[302] FERRAJOLI, Luigi. *Derecho y razón. Teoria del Garantismo Penal*, p. 613-615.

componham uma defesa pública, os quais trabalhariam em conjunto com um advogado particular, que o acusado teria a possibilidade de contratar.

O Estatuto da Criança e do Adolescente, em seu art. 141, prevê o direito de acesso à Defensoria Pública, enquanto órgão estatal responsável pela assistência judiciária gratuita a ser prestada a quem dela necessitar. Assim, além da possibilidade do juiz nomear advogados dativos, quando o adolescente apresentar-se sem defensor, também a Lei prevê a atuação permanente da Defensoria Pública junto à Justiça da Infância e da Juventude.

Em realidade, como é de conhecimento público, as Defensorias Públicas não estão implantadas e em pleno funcionamento em todos os Estados da Federação, não garantindo, portanto, esse direito a todos. Além disso, onde existem, não contam com corpo de defensores em todas as comarcas, muito menos especializado na área da infância e juventude. Tal situação acaba por legitimar, diante da falta de infra-estrutura adequada, a condição de desigualdade institucional.

A desigualdade institucional entre acusação e defesa, no entanto, tem origem histórica e representa a manutenção de elementos do modelo processual inquisitório. Conforme aborda Aroca,[303] o princípio da igualdade na prática não é de simples efetivação. A lei pode regular o processo, concedendo exatamente os mesmos direitos e cargas às partes, mas isso não necessariamente irá significar igualdade real. As condições sociais, econômicas e culturais dos diferentes acusados repercutem de modo relevante na posição de cada um no processo.

5.3.6. Direito à defesa na realidade processual

Muito embora se possam constatar algumas imprecisões e lacunas na Lei especial, quanto à previsão específica da presença de advogado em alguns dos momentos processuais, não há o que justifique a não-efetivação desta garantia na prática processual. Na observação dos processos judiciais da área da Infância e da Juventude, no entanto, costuma-se verificar o desequilíbrio entre as partes processuais, uma atuação muito frágil, quando não inexistente, de defesa técnica e a presença de uma tendência à desconsideração da autodefesa.

É freqüente a observação de ausência de defesa material, o que acaba corroborando para que os adolescentes sejam condenados pelo cometimento de atos infracionais em que há forçoso enquadramento de seu comportamento como fato típico. Cabe referir que, mesmo sem praticamente

---

[303] AROCA, Juan Monteiro. *Principios Del Proceso Penal – Uma Explicación basada em la razón*, p. 147.

haver defesa efetiva, não se deixa de aplicar a medida socioeducativa mais gravosa prevista na Lei estatutária, ou mesmo, não é comum ver-se anulado em segundo grau algum processo pela ausência do respeito ao direito constitucional de ampla defesa.

Outro aspecto importante é que, em alguns processos, vê-se que atuam, ainda que formalmente, vários advogados. O fato de trocarem defensores faz com que em certas etapas processuais, em que deveria estar presente o defensor, os adolescentes não contem com nenhum advogado. Além disto, ocorre o prejuízo da fragmentação das teses desenvolvidas pelas diferentes defesas.

Respaldados muitas vezes na ausência de condições materiais por parte dos adolescentes submetidos a juízo, o que os impossibilita de constituir advogados particulares, ou mesmo diante do grande volume de trabalho enfrentado pela Defensoria Pública, o juiz e o promotor assumem o protagonismo geral dos processos. No entanto, na leitura aprofundada dos processos, vê-se que muito mais do que dificuldades materiais, o que está por trás da aceitação tácita da ausência de defesa é a concepção subliminar de que a presença ativa de um advogado seria "desnecessária", ou mesmo de que viria a "atrapalhar o bom andamento do processo".

Para Manrique,[304] tais manifestações retratam a falta de clareza de que os processos de menores são processos de partes, onde cada um dos operadores cumpre papéis previamente definidos: o juiz, como terceiro imparcial; o Ministério Público cumpre as funções de acusador público; e a defesa atua em uma função essencialmente jurídica, sendo que seu objetivo deve ser controlar as partes no processo, para que os direitos de seu representado sejam respeitados. Para o autor, quando são franqueados os limites de uma defesa material, abdicando-se da defesa técnica, acaba-se por distanciar-se de um processo contraditório, respaldado pela doutrina da proteção integral.

A demonstração de que se trata de falta de clareza acerca da natureza dos processos, ou mesmo opção pelo modelo processual inquisitório, vê-se quando existe atuação material da defesa, no entanto suas teses são absolutamente desconsideradas, ou desconstituídas, não por argumentos jurídicos, mas por justificativas subjetivas.[305]

---

[304] MANRIQUE, Ricardo Pérez. Sobre el Ejercicio de la Defesa de Menores Infratores. In: *Justicia y Derechos Del Niño*, In: *Justicia y Derechos Del Niño*, p. 166.

[305] Cabe aqui transcrever manifestação do Ministério Público em contestação transcrita na dissertação de mestrado, que deu origem a este livro: "Em primeiro lugar, com a devida vênia ao entendimento da signatária, cabe assinalar que a matéria aventada de ordem eminentemente técnica, não devia ser objeto do presente feito, que, está sobre o abrigo do ECA, cujo fim é protetivo, visando tão somente a ressocialização, a recuperação, a reinserção dos tutelados no meio social", p. 294.

De outra parte, cabe referir que a falta de consideração acerca das teses sustentadas pela defesa deve-se também à fragilidade técnica das mesmas. Nesse sentido, é comum observar-se que não há praticamente nenhuma contestação das provas apresentadas, especialmente quanto à utilização exclusiva da prova testemunhal.

Como pôde ser demonstrado anteriormente, esse tipo de prova é utilizada freqüentemente pela acusação, acabando por fundamentar as decisões judiciais que aplicam medidas socioeducativas de internação, mesmo naqueles processos em que os crimes deixaram vestígios e, portanto, seriam necessários exames periciais (art. 158 do CPP).

O fato é que, nos processos da área da Infância e da Juventude, a tendência verificada é de que, também a defesa, em alguns momentos, tende a compartilhar com o Ministério Público, e mesmo com o juiz, da concepção de que se trata muito mais de um juízo sobre a personalidade do adolescente, e não sobre os atos infracionais por eles praticados.

Manrique[306] aborda o tema, salientando que os defensores devem ser especialmente cuidadosos quanto ao aspecto de que as condições pessoais do adolescente jamais justificam a imposição de nenhuma medida. Reforça, ainda, que apenas se justifica tal imposição em comprovando-se a relação de causa e efeito entre a ação do autor e o resultado produzido, ou ainda, se o ato se deve a uma ação querida pelo autor. Caso contrário, estar-se-ia por admitir a existência de um direito penal do autor.

Em realidade, é muito difícil que existam defesas técnicas, de acordo com os instrumentos previstos e disponíveis no Estatuto da Criança e do Adolescente. Geralmente não é questionada a formalidade da peça acusatória, especialmente quando da existência de ato infracional, requisito para a instauração de processo de apuração de ato infracional (art. 182, § 2º combinado com art. 103 do ECA). Praticamente não se observa contestação efetiva da materialidade ou da autoria, requisitos para a imposição de medida socioeducativa (art. 189 do ECA). E ainda não costuma ser feita qualquer referência à tipicidade, antijuridicidade e culpabilidade dos adolescentes imputados.

E, muito embora em alguns processos os advogados em seus pedidos requeiram a aplicação de medida socioeducativa menos gravosa, ou remissão, também não é comum verificar-se a evocação adequada dos princípios da excepcionalidade e brevidade da medida de internação (art. 121 do ECA), ou sua aplicação apenas quando não há outra mais adequada (art. 122, § 2º, do ECA). Da mesma forma, nas defesas formuladas não utilizam como poderiam o argumento dos requisitos previstos para a aplicação

---

[306] MANRIQUE, Ricardo Pérez. Sobre el Ejercicio de la Defesa de Menores Infratores. In: In: *Justicia y Derechos Del Niño*, In: *Justicia y Derechos Del Niño*, p. 169.

dessa medida privativa de liberdade, previstos, ainda que de forma vaga, no art. 122 do Estatuto.

Nota-se que, quanto existe defesa material, estas são feitas por profissionais que, ou não dominam a matéria de Direito Penal ou, muito menos, demonstram qualquer intimidade com o Direito Penal e o Processo Penal contido no Estatuto da Criança e do Adolescente.

Outro aspecto a ser observado diz respeito ao exercício do direito à autodefesa. Parte-se da concepção de que o exercício de tal direito identifica-se com o direito de ser ouvido, previsto em vários dispositivos do Estatuto da Criança e do Adolescente, assim como com o direito de ficar calado.

É possível observar acerca do exercício do direito à autodefesa durante as audiências de apresentação e instrução. Conforme previsão estatutária (art. 186 do ECA), os adolescentes geralmente são solicitados a pronunciarem-se durante a audiência de apresentação, momento equivalente ao interrogatório no Processo Penal adulto.

Uma primeira constatação diz respeito aos adolescentes que negam a autoria dos fatos a eles imputados. Nesses casos, costuma haver absoluta desconsideração acerca do conteúdo de tais depoimentos, o que demonstra que também não é acolhido o princípio de presunção de inocência, como se existisse uma pré-disposição de julgar os imputados culpados.

Para Lopes Junior,[307] a presunção de inocência é um princípio reitor do Processo Penal garantista, visto que se trata da garantia de que vai ser mantido o estado de inocência até o trânsito em julgado da sentença condenatória, o que implica a forma com que o juiz irá tratar o acusado durante o processo: como um inocente a quem está imputada a responsabilidade por um ato criminoso ainda não provado.

Parece que o mesmo princípio também não é considerado quando os adolescentes confessam o cometimento dos atos infracionais pelos quais estavam sendo acusados. Nesses casos, mesmo havendo necessidade de outras provas para confirmação de circunstâncias ou das justificativas por eles alegadas, a confissão costuma ser considerada suficiente para a condenação.

Sobre o tema, afirma Ferrajoli[308] que no modelo processual garantista, o interrogatório é o principal meio de defesa, visto que está informado pela presunção de inocência. Para o autor, é o momento do exercício do contraditório e de refutar a acusação, sendo garantido o direito ao silêncio e sendo relativo o papel da confissão como prova.

---

[307] LOPES JUNIOR, Aury. *Sistemas de Investigação preliminar no Processo Penal*, p. 15-17.
[308] FERRAJOLI, Luigi. *Derecho y razón.Teoria del Garantismo Pena*, p. 606-610.

Em síntese, na medida em que não existe suficiente defesa, vê-se que os processos acabam prejudicados em seu equilíbrio e legitimidade. De outra parte, também fica evidente a necessidade de qualificação da defesa diante do seu potencial provocador da mudança de cultura no sentido da compreensão acerca da natureza sancionatória das medidas socioeducativas e, portanto, da necessidade de respeito às garantias processuais para legitimar a sua aplicação.

5.4. Fundamentação das Decisões Judiciais

5.4.1. Racionalidade: a legitimidade do poder

A garantia de fundamentação das decisões judiciais, especialmente das sentenças, tem por função refletir o conjunto dos demais princípios e garantias ao devido processo legal, em um Estado Democrático de Direito. Constitui-se, conforme Gomes Filho,[309] na garantia das garantias, na medida em que expressa o que ocorreu durante o processo e confere legitimidade ao mesmo. Trata-se de uma garantia, em primeiro lugar política, pois impõe limites ao Judiciário no exercício de seu poder de jurisdição, exigindo que o juiz submeta à opinião pública a justificativa de suas decisões.

Para Ferrajoli,[310] a fonte de legitimidade interna e externa do sistema penal identifica-se com a máxima sujeição do juiz à Lei. Assim, tem a mesma importância o respeito à estrita legalidade penal como também o respeito à estrita jurisdicionalidade. Como no decorrer do processo e, especialmente no momento da decisão final do juiz, estão em jogo valores de liberdade, o único juízo que não causa lesão à dignidade do sujeito julgado é aquele decorrente do devido processo legal, resultado da verdade processual e produto do conhecimento do juiz, em função de seu caráter objetivo e da possibilidade de refutabilidade. Ninguém tem o direito de julgar simplesmente a partir da autoridade, se não em uma atividade puramente cognitiva, a partir da regra laica do moderno Estado Democrático de Direito.

O autor afirma que o princípio de obrigação da motivação das decisões judiciais é rigorosamente consolidado na modernidade. Ele expressa e, ao mesmo tempo, garante a natureza cognitiva e não potestativa do juízo, fazendo com que este se vincule ao Direito, enquanto estrita legalidade, e aos fatos apresentados no processo, ou seja, à prova da hipótese

---

[309] GOMES FILHO, Antônio Magalhães. *A motivação das Decisões Penais*, p. 75-105.
[310] FERRAJOLI, Luigi. *Derecho y razón.Teoria del Garantismo Penal*, p. 622-623.

acusatória. Portanto, a validade das sentenças judiciais está condicionada pela verdade processual apresentada, e o poder jurisdicional está fundado no saber, refutável e controlável pelo imputado, por sua defesa e pela sociedade.

Carnelutti[311] afirma o mesmo fundamento de forma diversa ao abordar acerca da indignidade do juiz e dos limites do próprio processo. Segundo o autor, para que o juízo penal possa ocorrer, é necessário, mais do que conhecer os fatos, conhecer o homem que os praticou. Porém, não é possível conhecer o homem sem se reconstruir sua história, inclusive para além do processo específico em julgamento, tarefa que, em realidade, não é possível de ser feita através do processo. O que acaba ocorrendo é que o juiz não tem paciência nem tempo, sendo mesmo impossível viabilizar, na prática do processo, o ofício de historiador que a lei lhe atribui.

Bem, seja como for, uma vez reconstituída a história e aplicada a lei, o juiz absolve ou condena. Diz o autor que a sentença de absolvição não apenas é a declaração de inocência do acusado, como também declara e admite a confissão do erro daqueles que fizeram com que o processo se arrastasse e, ao final, concluísse que não houve delito, ou que o acusado não o praticou. "É precisamente a história da absolvição que desnuda a miséria do Processo Penal, que em tais casos tem um único mérito, de confessar o erro".[312]

Na outra hipótese, quando o juiz está convencido da culpa do acusado, então, condena. Mas, ainda assim, pode estar equivocado. A decisão expressa na sentença é considerada verdade, mas pode ocorrer de não ser a verdade, ser mais uma vez um equívoco do juiz. Portanto, conclui Carnelutti "o Processo Penal é uma pobre coisa à qual foi confiada uma missão por demais elevada para poder ser cumprida".[313]

Assim, a única possibilidade de maior legitimidade da jurisdição é a consciência de suas limitações. Portanto, a explicação de por que o juiz chegou à sua convicção final, justificando tal convicção nos fatos e no Direito, é um caminho na possibilidade de sua maior dignidade e legitimidade.

Em outras palavras, afirma Lopes Junior[314] que o poder exercido na jurisdição somente terá legitimidade na medida em que tenha como fundamento argumentos *"cognoscitivos seguros e válidos"*, os quais devem ser submetidos ao contraditório. Portanto, a legitimidade decorre não só

---

[311] CARNELUTTI, Francesco. *As misérias do Processo Penal*, p. 54.
[312] Idem, p. 73.
[313] Idem, p. 57-58.
[314] LOPES JUNIOR, Aury. *Introdução Crítica ao Processo Penal (fundamentos da instrumentalidade garantista)*. p. 256.

da exposição de uma argumentação por parte do juiz nas decisões, mas também é conseqüência de um processo contraditório que deve estar refletido na decisão.

5.4.2. A fundamentação das decisões na Justiça da Infância da Juventude

A necessidade de fundamentação das sentenças está garantida, pela primeira vez em âmbito constitucional,[315] na Constituição Federal de 1988, em seu art. 93, inc.IX, que dispõe: "Todos os julgamentos dos órgãos do Poder Judiciário serão públicos, e fundamentadas todas as decisões, sob pena de nulidade, (...)".

No Estatuto da Criança e do Adolescente está prevista a necessidade de fundamentação da sentença no art. 189, que dispõe sobre os requisitos que devem ser observados pela autoridade judiciária para aplicação de medida socioeducativa, a qual deve ocorrer através de sentença. Assim, dispõe o artigo que a autoridade judiciária não aplicará qualquer medida se estiver provada a inexistência ou não estiver provada a existência do fato, portanto, comprovada a materialidade. Dessa forma, de acordo com o art. 103 da mesma Lei, exige-se que o fato praticado seja um ato infracional, ou seja, a tipificação da ação ou a omissão do adolescente como crime ou contravenção penal. Da mesma forma, deve haver prova de que o adolescente concorreu para o ato infracional, devendo ser comprovada a autoria.

Além desse dispositivo, não há no Estatuto outra previsão específica sobre a necessidade de fundamentação das sentenças decorrentes do processo de apuração do ato infracional. Sobre o tema, entende Garrido de Paula[316] que a sentença socioeducativa deve atender aos mesmos requisitos do art. 381 do Código de Processo Penal, utilizando-se o dispositivo do art. 152 do ECA, que determina a aplicação subsidiária da legislação processual pertinente.

Na mesma direção, cabe a aplicação subsidiária de outros artigos da legislação processual pátria que tratam do tema, especialmente os artigos 131 e 458 do Código de Processo Civil brasileiro.

Assim, atendendo à garantia constitucional, à previsão da Lei especial e, de forma subsidiária, à legislação processual penal e civil, não há o que justifique a ausência de fundamentação das decisões judiciais do processo socioeducativo, especialmente tratando-se das sentenças que aplicam as medidas socioeducativas e, de modo mais especial ainda, quan-

---

[315] GOMES FILHO, Antônio Magalhães. Idem, p. 70.

[316] GARRIDO de PAULA, Paulo Afonso. In: CURY, Munir, AMARAL e SILVA, Antônio Fernando e MENDEZ, Emílio García (org.). *Estatuto da Criança e do Adolescente Comentado – Comentários jurídicos e social*, p. 534.

do aplicam a medida de privação de liberdade, tendo em vista seu caráter excepcional.

Observando-se a prática processual da Justiça da Infância e da Juventude, vê-se que, conforme transcorre o processo, com maior ou menor respeito às garantias processuais, maior ou menor discricionariedade, ou vínculo à legalidade, tais características estarão refletidas no conteúdo das decisões judiciais, especialmente das sentenças.

Pode-se constatar esta situação em processos, nos quais as decisões judiciais, e as manifestações dos magistrados, permitem a compreensão de como foi seu desenvolvimento. Questões como a separação entre a atividade de julgar e acusar, o respeito à garantia do contraditório, a compreensão acerca da natureza da medida socioeducativa, a importância conferida à legalidade, ou mesmo a visão de mundo do juiz, acabam reproduzindo-se na forma como tais operadores jurídicos se manifestam quando da condenação ou não de um adolescente à privação de liberdade.

Da mesma forma, as circunstâncias em que estão inseridos os processos influenciam diretamente nas decisões judiciais, seja em função do apelo da comunidade para a segregação de algum dos adolescentes, seja em função da grande repercussão na opinião pública de um crime cometido.

Não há, em si mesmo, um problema em as motivações judiciais refletirem a realidade dos processos e a visão de mundo dos julgadores. Conforme afirma Coutinho,[317] os juízes não são neutros em suas intervenções e decisões, atuam vinculados ao contexto em que estão inseridos ao mesmo tempo em que são construtores da realidade, na medida em que suas decisões repercutem e alteram as condições objetivas dessa mesma realidade. Para o autor é urgente reconhecer o caráter ideológico do Direito e desmitificar a neutralidade, para que de fato as regras em jogo possam tornar-se explícitas.

Pode-se dizer que esta é uma das funções da obrigatoriedade da motivação das decisões judiciais: sua publicidade e possibilidade de avaliação por parte da opinião pública. A exposição do conteúdo das decisões e de suas respectivas justificativas permite o controle sobre as várias etapas processuais, constituindo-se em garantia essencial do Estado Democrático de Direito.

De acordo com Gomes Filho,[318] a garantia de motivação representa a última manifestação do contraditório, na medida em que permite o controle sobre as demais garantias e a necessidade de justificação das

---

[317] COUTINHO, Jacinto Nelson Miranda. Introdução aos Princípios Gerais do Direito Processual Penal Brasileiro in *Revista de Estudos Criminais*, p. 32-34.
[318] GOMES FILHO, Antônio Magalhães. *A motivação das Decisões Penais*, p. 241-242.

decisões judiciais com base nos fatos e no Direito que constam do processo, limitando, portanto, a possibilidade de decisões pessoais e a não-observância da legalidade.

Trata-se, portanto, de analisar as motivações dos processos judiciais, observando o quanto se vinculam ou não à legalidade. Nesse sentido pode-se destacar que em alguns processos ocorre a ausência de motivação de decisões, ou a utilização de afirmativas que não chegam a constituírem-se em justificativas.

De modo especial, cabe referir a situação observada nas decisões judiciais que aplicam a medida de internação provisória. De acordo com o art. 108 do Estatuto da Criança e do Adolescente, a medida de internação provisória deve ser decretada através de decisão fundamentada, justificar-se em indícios suficientes de autoria e materialidade e, ainda, ser demonstrada a necessidade imperiosa da medida.

Para Ferrajoli,[319] pouco importa se a justificativa para que o imputado responda processo privado de liberdade trata-se de fundamento processual, voltando-se para o perigo de fuga e de causar obstáculo à produção das provas, ou penal, respondendo do perigo de delitos futuros por parte do imputado se em liberdade. Nos dois casos, equivale-se à presunção de culpabilidade e, portanto, é contraditória com o princípio de presunção de inocência.

Muito embora a importância da fundamentação dessa decisão, vê-se, algumas vezes, a simples manutenção de medidas de internação provisória, mesmo em sede de segundo grau, por períodos superiores ao limite estabelecido pela Lei Estatutária, com fundamento restrito na gravidade do ato infracional cometido ou na conduta pregressa do adolescente.

5.4.3. Conteúdo das fundamentações

A lei confere espaços maiores ou menores de poder de disposição ao juiz. Por isso a discricionariedade sempre intervém na interpretação da lei, na valorização das provas, na conotação dos fatos e na medida das penas. No caso do Estatuto da Criança e do Adolescente, há espaços para a discricionariedade, mas, especialmente, ainda predomina em sua interpretação a cultura que Mendez[320] denomina de messianismo, subjetivismo e discricionariedade. Esta visão se expressa na forma com que são fundamentadas as sentenças, ou mesmo na ausência de fundamentação que, em geral, não costuma suscitar nulidade das decisões judiciais, de acordo com o que determina a Constituição Federal.

---

[319] FERRAJOLI, Luigi. *Derecho y razón.Teoria del Garantismo Penal*, p. 551-555.
[320] MENDEZ, Emílio García. Adolescentes e Responsabilidade Penal: um debate latino-americano. In: *Por uma reflexão sobre o Arbítrio e o Garantismo na Jurisdição Socioeducativa*, p. 13.

Porém, conforme Ferrajoli,[321] a falta de legitimidade legal que afeta o juízo, em função de espaços de discricionariedade potestativa, não é suprível mediante outras fontes de legitimação. A carência de legitimidade legal do Poder Judiciário, ainda que inevitável em alguns casos, é irremediável, levando ao fato de que a atividade judicial torna-se politicamente ilegítima, configurando-se como absolutista. A obrigatoriedade da motivação permite a refutação e o controle das decisões tanto em matéria de direito como de fato, por ausência de provas ou por inadequada explicação do nexo entre as provas apresentadas e a convicção expressa pelo juiz.

Para Gomes Filho,[322] por matéria de direito nas motivações judiciais, entende-se que o juiz deve demonstrar as razões que o levaram a fixar determinada premissa normativa, de acordo com as regras e os princípios do ordenamento jurídico em que está inserida a decisão, considerando ainda a validade espacial e temporal das normas aplicadas. Enquanto matéria de fato, de outra parte, cabe ao magistrado explicar os critérios que o levaram a considerar as provas dos fatos, sua idoneidade e validade. Deve aduzir razões sobre a verdade, a probabilidade e a verossimilhança das afirmações que fizer relativamente aos acontecimentos do processo.

Em matéria penal, cabe ao juiz demonstrar na sentença a tipicidade dos fatos, a antijuridicidade da conduta e a culpabilidade do agente. No entanto, conforme Lopes Junior, "a única verdade admissível é a verdade processual, produzida no âmago da estrutura dialética do processo penal e com plena observância das garantias de contradição e defesa".[323] Portanto, a sentença condenatória deve ter como fundamento a prova validamente praticada no curso do processo, não bastando a afirmação de um direito material posto como "verdade real", que não reflita o exercício do contraditório na produção das provas durante o processo.

5.4.4. Valoração das provas

Cabe abordar acerca da relação entre as provas e a convicção de culpabilidade por parte do juiz. A doutrina[324] reconhece três princípios que orientam a regência da apreciação de provas. O primeiro trata do valor atribuído às provas pelo próprio juiz de forma subjetiva: trata-se do princípio da convicção íntima; o segundo refere o valor das provas atribuído

---

[321] FERRAJOLI, Luigi. *Derecho y razón. Teoria del Garantismo Penal*, p. 544-549.

[322] GOMES FILHO, Antônio Magalhães. *A motivação das Decisões Penais*, p. 244-245.

[323] LOPES JUNIOR, Aury. *Introdução Crítica ao Processo Penal (fundamentos da instrumentalidade garantista)*, p. 257.

[324] Entre outros: COUTINHO, Jacinto Nelson Miranda. *Introdução aos Princípios Gerais do Direito Processual Penal Brasileiro* in Revista de Estudos Criminais, vol. 1, p. 49-51 e BACILA, Carlos Roberto. Princípios de Avaliação das Provas no Processo Penal e as Garantias Fundamentais. In: BONATO, Gilson org. *Garantias Constitucionais e Processo Penal*, p. 99-108.

taxativamente pela lei: trata-se do princípio da certeza legal, ou tarifamento legal; e o terceiro refere-se ao valor das provas atribuído livremente pelo juiz, porém devidamente justificado e fundamentado: trata-se do princípio do livre convencimento, ou convicção racional.

Algumas legislações, ainda em nossos dias, fixam na lei a hierarquia com que o juiz deve valorar as provas. No entanto, embora supostamente tal taxatividade deveria constituir-se em garantia ao imputado, historicamente este método mostrou-se inadequado. A experiência do período inquisitório, por exemplo, expressou essa inadequação, quando a confissão era considerada a maior de todas as provas e, por isto, era obtida a qualquer preço e como um fim em si mesma. Em última instância, a avaliação que é feita hoje[325] sobre esta metodologia é de que tabelar as provas significa cercear a capacidade do julgador de fazer uma análise mais inteligente no caso concreto.

A livre convicção do juiz representa uma garantia quando submete qualquer meio de prova à refutação, e tal convicção forma-se a partir da confirmação pela pluralidade de provas. O juiz pode, portanto, condenar ou absolver de acordo com sua livre convicção, desde que justificando sua decisão.

Nesse sentido, manifesta-se Aroca,[326] afirmando que valoração livre não é igual à valoração discricional, nem se resume na consciência do juiz. Trata-se da forma com que o juiz, através da sua experiência, concede credibilidade a um meio de prova, sendo que esta decisão deve expressar-se de modo motivado na sentença.

Não se pode confundir, portanto, o método de produção de provas, que conforme o modelo processual de tipo acusatório, tem como fundamento o exercício do contraditório, a partir da observação restrita das regras processuais e da refutação, por parte da defesa, das provas apresentadas pela acusação. Aqui se trata da livre convicção do juiz a respeito da culpabilidade ou não do imputado, a partir das provas produzidas legalmente durante o processo. Tal convicção, portanto, deve expressar-se na decisão final, devidamente fundamentada nos fatos, ou seja, nas provas apresentadas, e no Direito, ou seja, entre outros aspectos do Direito, na legitimidade legal das provas produzidas.

Assim, as provas que podem ser consideradas pelo julgador são aquelas produzidas de forma lícita no decorrer do devido processo, caso contrário devem ser consideradas inexistentes.

---

[325] BACILA, Carlos Roberto. Princípios de Avaliação das Provas no Processo Penal e as Garantias Fundamentais. In: BONATO, Gilson org. *Garantias Constitucionais e Processo Penal*, p. 100.

[326] AROCA, Juan Monteiro. *Principios Del Proceso Penal – Uma Explicación basada em la razón*, p. 164.

No caso do Estatuto da Criança e do Adolescente, há previsão específica nos artigos 114 e 189 da necessidade de prova da autoria e da materialidade da infração para que sejam aplicadas as medidas socioeducativas. Pressupõe-se que a demonstração acerca da valoração atribuída às provas apresentadas no processo esteja expressa e fundamentada na sentença judicial. Como a medida socioeducativa de internação somente cabe ser aplicada em atos infracionais graves ou em que haja lesão ou grave ameaça à pessoa (art. 122 do ECA), presume-se que tais crimes deixem vestígios; portanto, a prova de sua materialidade, preferencialmente, deve obedecer ao que dispõe o Código de Processo Penal ao abordar sobre exame de corpo de delito e outras perícias, entre os artigos 158 e 184, os quais devem ser aplicados, mais uma vez, subsidiariamente.

5.4.5. Subjetivismo nas fundamentações

Algumas vezes os magistrados da Infância e da Juventude demonstram em suas sentenças disposição de enfrentar o requisito legal da fundamentação, afirmando estar comprovada a materialidade e a autoria, porém em verdade não o fazem, justificando sua convicção em provas testemunhais, não confirmadas, ou mesmo no apelo social pela decretação da medida. Isso parece expressar fragilidade técnica, ou, ainda, a falta da necessidade de fazer-se um maior esforço jurídico para que se efetive o que já era a intenção manifesta no decorrer do processo de, ao final, aplicar a medida privativa de liberdade.

De outra parte, com relação à autoria, cabe ao juiz justificar na sentença as razões que o levaram a concluir pela culpabilidade do adolescente sob julgamento, demonstrando a relação existente entre os fatos provados, tipificados como crime, e a conduta praticada pelo autor. Nesse aspecto deve ser levado em consideração, mais uma vez, o princípio de presunção de inocência, garantindo que, em não havendo prova definitiva do vínculo entre a conduta do jovem e o resultado material do crime, não há como considerá-lo culpado.

Não é possível, portanto, a aplicação da medida socioeducativa de internação com base apenas em provas testemunhais ou justificando, em comum acordo com o Ministério Público e a defesa, que a medida de privação de liberdade pode ser positiva para o adolescente.

Nisso consiste a razão da exigência de fundamentação das decisões judiciais enquanto garantia processual. Conforme Gomes Filho,[327] embora não desconhecendo que nas decisões judiciais influenciam aspectos ideológicos e subjetivos, o que importa ao direito judiciário são razões de

---

[327] GOMES FILHO, Antônio Magalhães. *A motivação das Decisões Penais*, p. 110-111.

caráter objetivo, com base na legalidade. Somente estas devem ser consideradas na formação das decisões judiciais, especialmente quando estas dispõem sobre direitos fundamentais, como a privação de liberdade.

A observação acerca da prática processual permite constatar que é freqüente decisões que decretam a medida privativa de liberdade e justificam sua decisão como uma medida de proteção ao adolescente, como forma de tratamento à drogadição ou mesmo necessidade do jovem ser contido para sua própria segurança. Esta visão, além de expressão do pensamento positivista criminológico, manifesta a concepção dos magistrados acerca da natureza jurídica das medidas socioeducativas por eles aplicadas.[328]

Amaral e Silva,[329] referindo-se ao histórico do Direito Penal Juvenil, afirma que as medidas justificadas como protetivas, objetivamente, não passavam de penas disfarçadas, impostas sem os critérios da retributividade, da proporcionalidade, principalmente da legalidade. Penas indeterminadas e medidas de segurança sem os pressupostos da certeza da autoria, por fatos geralmente atípicos, são aplicadas em nome do "superior interesse do menor", que precisava ser protegido. Com tal falácia, muitas crianças e adolescentes pobres foram internados ou presos em centros de recuperação, de terapia e até de proteção.

Para Mendez,[330] a palavra-chave está no conceito de proteção construído histórica e culturalmente, o qual se constitui em um eufemismo para legitimar as práticas e o discurso da discricionariedade. Segundo o autor, a incapacidade política da criança, que está contextualizada em sua cidadania incompleta, constrói e legitima sua incapacidade civil, e esta passa a legitimar sua incapacidade de fato. "Em termos culturais, políticos e jurídicos, é com esse sistema de compaixão-repressão e de discricionariedade que qualquer sistema de garantias deve confrontar-se".[331]

Tais decisões demonstram que a compreensão de que a medida socioeducativa tem caráter sancionatório e aflitivo ainda está longe de ser uma realidade. Este pensamento impede que o respeito à Lei seja encarado como uma obrigação da jurisdição. É como se não se estivesse de fato

---

[328] Esta transcrição reflete a concepção referida: "Analisando os autos, chego à conclusão de que a adolescente Adriana necessita de urgente contenção, posto que esta magistrada tem conhecimento de que ela está fora de controle e representa perigo aos seus familiares e a si mesma, pois convive com pessoas de má conduta.Saliento que tal medida é necessária para preservar sua integridade física, pois há nos autos informação, da genitora, de que está jurada de morte por vários indivíduos da comunidade em que reside a adolescente." In: COSTA, Ana Paula Motta. *As garantias processuais como limite à violência estatal na aplicação da medida sócio-educativa de internação*, p. 310.

[329] AMARAL e SILVA, Antônio Fernando. O mito da inimputabilidade penal e o Estatuto da Criança e do Adolescente. In: *Revista da Escola Superior de Magistratura do Estado de Santa Catarina*, p. 263.

[330] MENDEZ, Emílio García. *Infância e Cidadania na América Latina*, p. 200.

[331] Ibidem.

cometendo ilegalidade alguma ao fundamentar a aplicação da privação de liberdade em uma necessidade de tratamento ou de proteção, isto porque se estaria agindo em benefício dos adolescentes. Ou, ainda, pressupõe-se que se trata de uma Lei que não teria legitimidade ou condições de ser respeitada no cotidiano dos processos.

Outro aspecto a ser considerado é a possibilidade efetiva de refutação das decisões judiciais. Expressar adequadamente suas motivações significa demonstrar, de forma simples e clara, os fatos que levaram à formação de sua convicção, de modo a que possam ser refutados em outro grau de jurisdição no decorrer do processo. Trata-se, portanto, de fatos e provas que possam ser refutados legalmente.

Não é o caso, conforme demonstra Lopes Junior,[332] de laudos psicológicos e/ou psiquiátricos que avaliam a personalidade do agente e estabelecem prognósticos de atuação futura, os quais, por vezes, são utilizados como prova nos processos e fundamentam as decisões judiciais, sem, no entanto, nenhuma possibilidade de refutação por meios processuais.

No Estatuto da Criança e do Adolescente, há previsão, em princípio, facultada ao juiz de recorrer à equipe técnica multiprofissional para que desenvolva estudo do caso, buscando subsidiar a aplicação das medidas socioeducativas (art. 186 do ECA). No Rio Grande do Sul, parte da jurisprudência[333] tem anulado sentenças que não têm em sua fundamentação elementos trazidos destes laudos, entendendo que a faculdade da Lei torna-se uma exigência, em se tratando da aplicação da medida socioeducativa de internação. Isso porque, levando-se em consideração a gravidade do fato e a gravidade da medida a ser adotada, em face das exigências previstas no art. 122 do Estatuto, não haveria como o juiz dispensar esta consulta sem, no mínimo, justificar sua decisão.

Em princípio, esta exigência constitui-se em um dificultador para a aplicação da medida socioeducativa privativa de liberdade, portanto, trata-se de uma garantia em favor do adolescente. No entanto, a simples utilização de tais laudos não pode ser considerada uma fundamentação legal. As provas periciais, ainda que de alcance limitado no campo da saúde humana, devem ser consideradas como provas produzidas em meio ao processo e quando são possíveis de serem contestadas pela defesa ou pela acusação. A fundamentação da decisão judicial somente poderá recorrer a tal campo do conhecimento se a convicção propiciada decorrer do

---

[332] LOPES JUNIOR, Aury. A instrumentalidade Garantista do Processo de Execução Penal. In: CARVALHO, Salo de. *Crítica à Execução Penal, Doutrina Jurisprudência e Projetos Legislativos*, p. 469-470.
[333] SARAIVA, João Batista Costa. *Direito Penal Juvenil, Adolescente e ato infracional, garantias processuais e medidas socioeducativa*, p. 83-84.

conflito próprio do método contraditório, constituindo-se, só assim, em fundamentação legal.

Afirma Lopes Junior:

"Com a conseqüente adoção do método acusatório, exige-se a plena refutabilidade das hipóteses e do controle empírico da prova e da própria decisão, que só pode ser admitida quando motivada por argumentos seguros e válidos. A decisão do juiz sempre deve ser verificável pelas partes e refutável, bem como deve-se compreender o processo de racionalização desenvolvido e isto não é possível quando o julgador simplesmente acolhe um laudo desfavorável (...)".[334]

5.4.6. Fundamentações com base na periculosidade do adolescente

O olhar sobre os processos judiciais permite identificar que outra tendência das fundamentações está em discorrer acerca da periculosidade do agente e da adequação da medida aplicada em função de permitir sua contenção tendo em vista seu prognóstico de vir a voltar a delinqüir.

Constata-se, portanto, que, apesar das contundentes críticas sofridas pelo positivismo criminológico ao longo da história, esta vertente de pensamento permanece manifesta até os dias atuais, sendo renovada em seus argumentos a partir de novas justificativas do crime, desde o ponto de vista individual.

A identidade das teorias decorrentes dessa matriz de pensamento, segundo afirma Zaffaroni,[335] é sua central atenção nas condutas criminais, analisadas com independência em relação ao conceito jurídico do delito e buscando sua explicação para além do sistema penal, visando à eficácia preventiva, ou seja, à eliminação do delito.

Segundo Larrauri,[336] a característica central da criminologia tradicional está em seu objeto estar focalizado no sujeito criminoso e seu comportamento, buscando identificar as causas de tal comportamento, as quais seriam explicativas da criminalidade. Sua visão é do sujeito criminoso com comportamento determinado, a partir das diferenças que o constituem em relação aos demais sujeitos sociais.

Na área da infância e da juventude vê-se que a criminologia tradicional constitui a base do pensamento manifesto em muitas motivações judiciais.[337]

---

[334] LOPES JUNIOR, Aury. A instrumentalidade Garantista do Processo de Execução Penal. In: CARVALHO, Salo de. Crítica à Execução Penal, Doutrina Jurisprudência e Projetos Legislativos, p. 471.

[335] ZAFFARONI, Eugenio Raul. *"Criminologia, aproximación desde um margen"*, p. 177-248.

[336] LARRAURI, Helena. *La herencia de la criminología crítica*, p. 17-29.

[337] Cabe transcrever a citação feita na dissertação de mestrado que serviu de base para este trabalho: "A leitura dos autos dá a exata dimensão da frieza e da completa ausência de valores éticos e morais desta mãe, que não demonstrou qualquer afeto por aquele serzinho que dela foi gerado", p. 309.

Em síntese, a decisão judicial de um Processo Penal, que tenha como pressuposto a legalidade, deve expressar a humildade e a consciência por parte do juiz de suas limitações. Tais limitações devem buscar suprir-se na verdade processualmente produzida, a partir do método contraditório, sendo que a única discricionariedade que encontra legitimidade é aquela que, diante da dúvida natural de convicção, respeite o princípio de in dubio pro reo,[338] ou seja, dirija-se a reduzir a intervenção penal em favor do imputado.

5.4.7. O juiz e o contexto social contemporâneo

Conforme Bueno de Carvalho,[339] o novo juiz, criativo e produtor de jurisprudência, deve buscar conhecer-se a si mesmo o quanto possível, deve situar-se histórica e socialmente, deve conhecer, também, o máximo possível, os fatos e as partes e deve embasar sua decisão em argumentos racionais, tendo consciência das reais motivações que abrigam seu inconsciente. Finalmente, deve decidir com uma visão de futuro, com os olhos voltados à utopia.

A prática processual, no entanto, permite constatar uma significativa influência da opinião pública onde está inserido o processo na decisão do magistrado, a qual, muitas vezes parece já estar tomada desde o início do processo, em face da necessidade de responder à solução de um conflito com a definição de alguém como culpado. Embora fundamentadas as sentenças, justificando a materialidade e a autoria, o discurso dos juízes revela a necessidade maior de corresponder ao apelo social do que à sua própria convicção em razão da verdade processualmente constituída.

Para Wacquant,[340] a opinião pública possui especial fascínio pela violência. Em função disso, a criminalidade invade as páginas de jornal e as telas de televisão, também como resultado da utilização do tema pela mídia como forma de conquistar o mercado. Sob a pressão da mídia, a necessidade de combate ao crime impõe-se aos políticos e, especialmente, aos promotores e juízes, os quais passam a atuar nas situações em concreto, informados por um consenso social que não é a realidade efetiva, mas uma realidade subjetivamente construída.

Em muitos casos, que ocupam a mídia com versões sensacionalistas, alimentando o sentimento social de insegurança, a atuação dos operadores jurídicos passa a estar informada não pelos fatos concretos, pelas provas

---

[338] LOPES JUNIOR, Aury. Idem, p. 467.

[339] BUENO de CARVALHO, Amilton. O Juiz e a Jurisprudência: Um Desabafo Crítico. In: BONATO, Gilson (org.). *Garantias Constitucionais e Processo Penal*. p. 4-12.

[340] WACQUANT, Loïc. Crime e castigo nos Estados Unidos: de Nixon a Clinton. *Revista Sociologia e Política*, p. 46.

existentes, ou pela legalidade, que os constitui como crime, exigindo o respeito às garantias do Estado Democrático de Direito. As decisões são tomadas, portanto, em resposta ao contexto, punindo os supostos culpados pelo abalo socialmente vivenciado, não pelas vítimas diretamente envolvidas, mas pela opinião pública.

Parece que o tema da delinqüência juvenil presta-se, de forma especial, a este ciclo alimentador da violência, a qual se concretiza nas relações que ocorrem no interior dos processos e na vida dos jovens, que acabam privados de liberdade.

Tais elementos, que decorrem da constatação da impossibilidade real da imparcialidade e do mito de que o processo deve buscar a verdade material ou substancial, remetem à necessidade imperiosa da consciência dos limites e da busca constante da racionalidade e do respeito à estrita legalidade como condições de legitimidade da jurisdicionalidade.

Em tratando-se do juiz que atua na área da infância e juventude, entende Saraiva[341] que este deve, em primeiro lugar, estar comprometido com o novo Direito da Infância e Juventude, que tem por base a doutrina da proteção integral. Em razão desta premissa, deve ser um operador qualificado do Direito, com sólido conhecimento de Direito Constitucional, na medida em que lida com direitos fundamentais da pessoa humana, havendo de transitar com facilidade pelo mundo jurídico. Em especial, ao lidar com a matéria socioeducativa, deve dominar as regras de Direito Penal e Processual Penal, para incorporar em sua prática processual as garantias próprias deste campo do Direito.

Isso quer dizer, no entendimento do autor, que o novo Direito da Criança e do Adolescente exige um novo juiz, que rompa com a prática discricionária e subjetiva do antigo direito dos menores e da doutrina da situação irregular. Sua atuação deve basear-se na legalidade, inserida no contexto do conjunto do ordenamento jurídico, e na técnica processual, o mais objetiva quanto possível.

Nas palavras de Carnelutti:

"Somente a consciência de sua indignidade pode ajudar o juiz a ser menos indigno (...). A justiça humana não é mais do que parcial. A sua humanidade não pode deixar de resolver-se na sua parcialidade. O que se pode fazer é diminuir esta parcialidade".[342]

De outra forma, é possível ser dito que a exposição ao controle das motivações graças à sua forma lógica e semântica reflete a diferença entre

---

[341] SARAIVA, João Batista da Costa. *Desconstruindo o Mito da Impunidade – Um Ensaio de Direito Penal Juvenil*, p. 83-96.
[342] CARNELUTTI, Francesco. *As misérias do Processo Penal*, p. 33-34.

modelos processuais, na medida em que tem condições de refletir o conjunto de garantias processuais previstas no modelo processual de tipo contraditório e garantista. O poder do juiz de condenar alguém somente está legitimado quando calcado no saber judicial, de modo que não se legitima sob si mesmo, mas sim na racionalidade que se expressa na motivação das sentenças. Assim, a motivação serve para o controle da racionalidade da decisão judicial.

Como afirma Ferrajoli:

"Al mismo tiempo, em cuanto asegura el control de la legalidad y del nexo entre conviccion y pruebas, la motivacion tiene también el valor 'endo procesal' de garantía de defesa y el valor 'extra-procesal' de garantia de publicidad. Y pude ser considerada como el principal parámetro tanto de la legitimacion interna o jurídica como de la externa o democrática de la función judicial".[343]

---

[343] FERRAJOLI, Luigi. *Derecho y razón.Teoria del Garantismo Penal*, p. 623.

Considerações finais

No decorrer deste trabalho, buscou-se construir o caminho teórico necessário à demonstração da importância da consideração das garantias processuais, enquanto instrumento de limitação do poder punitivo do estado frente aos adolescentes que cometem atos infracionais. Em cada capítulo, os pontos abordados contaram com enfoque interdisciplinar e relação teórico/prática, tendo seu desfecho a partir da tomada de posição necessária como suporte ao próximo ponto a ser abordado. Assim, neste momento, cabe apresentar as considerações finais sobre os temas abordados, além de reflexões que remetam a novas indagações e, talvez, futuros estudos.

I – A ordem social contemporânea caracteriza-se pela descrença nas promessas feitas na modernidade e pela renúncia às regras e aos limites tidos como condição para a evolução da civilização. Frente a essa realidade, observa-se uma tendência mundial de diminuição do estado social e de ampliação do estado penal. Ou seja, o estado desloca sua função de segurança coletiva e bem-estar social para a segurança penal; ao mesmo tempo em que a responsabilidade pelos infortúnios gerados pela exclusão do trabalho torna-se individual e privatizada.

Trata-se de uma sociedade centrada no consumo, e não na produção, em que a criminalidade não é produto de seu mau funcionamento, mas o meio encontrado pelo contingente de excluídos do mercado consumidor para acessar diretamente aos bens e valores sociais. Esta é a alternativa que resta ao enorme contingente de "sobrantes", antes considerados como de responsabilidade coletiva, corporificada pelo estado social, hoje definidos como criminosos individuais, frente à tendência de criminalização de seus comportamentos característicos.

II – Em meio ao fenômeno complexo da violência, a criminalidade cresce e ganha espaço o discurso justificador do estado punitivo, como forma eficiente de garantir a segurança da população a partir do encarceramento. Parece ser esta a única solução encontrada, não apenas para a violência concreta, mas para o sentimento de insegurança que é gerado na opinião pública pelos meios de comunicação de massa.

Dessa forma, amplia-se o aparelho repressivo do estado em detrimento ao modelo de Estado Democrático de Direito, que tem em seu conteúdo o respeito às garantias individuais frente a tal poder punitivo. Portanto, a legitimidade estatal ganha terreno não no pacto social de respeito aos direitos individuais e sociais, mas simplesmente na tarefa de repressão e segregação, os quais são propagados como solução diante do "sonho da sociedade perfeita isenta de conflitos".

III – De modo especial, a criminalidade e a violência são atribuídas em maior medida à população juvenil. Trata-se de um mito constituído socialmente que não encontra respaldo nos dados oficiais sobre a periculosidade ou no número de crimes cometidos por esta parcela da população.

É certo que a juventude das periferias das grandes cidades brasileiras tem sido protagonista de episódios de violência, mas também tem se constituído em sua maior vítima. Especialmente tratando-se de jovens pobres, do sexo masculino, negros ou pardos. As causas desse tipo de violência são dinâmicas e complexas, perpassando por explicações estruturais, psicossociais e individuais, vistas em caráter complementar.

Diante desse contexto, parece evidente que a alternativa que cabe à sociedade brasileira é a ampliação do estado social, através da oferta de políticas públicas voltadas a este seguimento populacional e etário. Em vez disso, vê-se a propagação da redução da idade de inimputabilidade penal e o clamor público pela ampliação da repressão estatal.

Assim, acabam por justificar-se socialmente as decisões judiciais que, em detrimento ao respeito às garantias individuais, aplicam de forma indiscriminada a medida socioeducativa de internação.

IV – O surgimento da infância, enquanto categoria sociológica, é característico da modernidade e está relacionado com a preocupação com a sua proteção, com a definição de sua incapacidade e, também, com a necessidade de seu controle. A promulgação da "Convenção Internacional dos Direitos da Criança", em 1989, caracterizou-se como fato relevante, que mudou o rumo até então percorrido pela história do controle sociopenal da infância e da adolescência.

Seguindo a orientação doutrinária da Convenção, conhecida como "doutrina da proteção integral", o Estatuto da Criança e do Adolescente foi aprovado e sancionado em 1990, caracterizando-se como a Lei brasileira que estabelece um sistema de garantias específico para este público.

Porém, a Lei tem sido pouco efetiva em sua aplicação. Independente da concepção doutrinária garantista, a aplicação de medidas segregatórias e institucionalizantes nem sempre tem obedecido ao princípio da excepcionalidade, sendo utilizada como solução corriqueira para administração de conflitos de natureza social. Tal constatação demonstra que sobrevive, ainda nos dias de hoje, a cultura jurídico-penal característica da doutrina da situação irregular.

V – De outra parte, a aplicação inadequada da medida socioeducativa internação ocorre em função da confusão na interpretação do Estatuto da Criança e do Adolescente, em relação à natureza sancionatória das medidas socioeducativas.

O fato é que a Lei estatutária, além de regulamentar os princípios fundamentais contidos na Constituição Federal de respeito à dignidade da pessoa humana, pela primeira vez na história de nossas legislações, introduziu no texto legal o princípio da legalidade penal, estendendo-o para a infância e a juventude. Trata-se de um princípio limitador da intervenção estatal punitiva, portanto, de garantia do indivíduo perante o estado.

Observa-se, no entanto, que, ainda nos dias atuais, persistem dúvidas entre alguns doutrinadores ou aplicadores da Lei quanto à natureza penal da legislação juvenil, o que conduz a desconsiderar todo o sistema correspondente de garantias constitucionais e de princípios aplicáveis de Direito Penal, resultando, paradoxalmente, em prejuízo e desvantagem dos adolescentes perante os adultos.

Nesse sentido, trata-se da necessidade do reconhecimento de uma culpabilidade especial dos adolescentes perante o sistema penal juvenil contido na legislação especial, o que representa opção contrária ao que historicamente tem sido feito, seja por parte dos chamados modelos de proteção ou dos que defendem a aplicação às pessoas menores de idade de um modelo punitivo especial, que não contempla sanções. Tais modelos não têm sido eficientes em controlarem o poder punitivo do estado, e, historicamente, as crianças e os adolescentes, declarados sem discernimento ou incapazes, têm sido alvo de severos castigos, justificados pelo eufemismo de um sistema de proteção.

Aos adolescentes, portanto, não se pode imputar responsabilidade frente à legislação penal comum. No entanto, respondem pelos delitos que praticam, submetendo-se a medidas socioeducativas de caráter penal especial. Tal caráter justifica-se especialmente porque as referidas medidas são impostas aos sujeitos em decorrência da prática de atos infracionais, ou crimes tipificados na lei penal e, ainda, porque é indiscutível o caráter aflitivo dessas medidas, especialmente tratando-se da privação de liberdade.

VI – O reconhecimento da existência de um Direito Penal juvenil contido no Estatuto tem por conseqüência a identificação da necessidade de respeito às garantias processuais penais destinadas ao mesmo público, presentes no conjunto da legislação pátria. Nesse caso, o respeito ao devido processo é um instrumento de garantia da aplicação da Lei especial, de acordo com sua concepção doutrinária, pois é uma forma de efetivar-se o modelo previsto de "direito penal mínimo" nela contido. É possível buscar a efetivação das garantias individuais que estão previstas no ordenamento jurídico, todas, as quais, de origem constitucional.

VII – Historicamente é possível identificar dois modelos processuais: o modelo processual inquisitório e o modelo processual acusatório. O modelo inquisitório não pode ser considerado um verdadeiro processo, pois o conceito de processo pressupõe a instalação de uma relação triangular em que, frente a um terceiro imparcial, compareçam duas partes parciais, em pé de igualdade e em contradição, demonstrando um conflito que deve ser solucionado através do direito objetivo.

O fato é que a concepção cognitiva de processo e o modelo de sistema acusatório são aquisições afirmativas da modernidade, da mesma forma que o princípio de estrita legalidade penal. O princípio acusatório exige que o juízo desenvolva-se com garantias processuais em matéria de prova e de defesa e que se torne possível a obtenção da verdade processual, baseada na verificação e na refutação.

A situação do sistema processual previsto no Estatuto da Criança e do Adolescente é de um modelo processual confuso, referenciado nos princípios constitucionais de orientação acusatória, mas com elementos essencialmente inquisitórios. Tal situação agrava-se porque a Lei especial incorporou elementos do Processo Civil, o que permite agilidade de procedimentos em certos momentos, mas que contribui para reforçar a concepção de que o Direito da Criança e do Adolescente não contém um Processo Penal e, portanto, na sua aplicação, são dispensáveis as observações de garantias processuais reconhecidas para o conjunto da população.

VIII – Constata-se que o legislador brasileiro estendeu todas as garantias processuais constitucionais aos adolescentes, especialmente quanto ao direito ao devido processo legal. Na legislação estatutária foram regulamentados os dispositivos processuais contidos na Constituição e foi criado um rito de procedimentos específicos, que pode ser aplicado, quando couber, em combinação com a legislação processual vigente no país. Portanto, não existe justificativa para que os operadores jurídicos não respeitem as garantias processuais sob o argumento de ausência de legislação.

De outra parte, existem imprecisões, lacunas e problemas na Lei estatutária em matéria penal e processual, que possibilitam sua interpretação discricionária, por vezes, reforçando-se características do modelo processual inquisitório. Essas interpretações são feitas sob artigos específicos e a partir da redação literal, abstendo-se de uma abordagem mais sistêmica e de acordo com o espírito doutrinário da Lei.

IX – Uma das deficiências maiores do Estatuto está no art. 122, quando trata dos requisitos para internação, que, em função de sua redação vaga, permite interpretação subjetiva. Assim, "grave ameaça à pessoa" é uma expressão que não vincula, necessariamente, ao capítulo do Código Penal, que trata dos crimes contra a pessoa. Quanto ao outro requisito, "reiteração de atos infracionais graves", permite diversas leituras do que seja a gravidade dos atos infracionais. Em realidade, a dificuldade está na falta de previsão legal que relacione os atos infracionais praticados com o tipo de medida a ser aplicada. Não existe na Lei, portanto, nenhum parâmetro preciso de relação entre os tipos penais, que estão descritos na Lei Penal, e as diferentes possibilidades de sanção previstas na Lei especial, nem quanto à gravidade da medida a ser aplicada, nem em relação ao tempo de sua aplicação.

Outro problema está na forma como está previsto o instituto da remissão. Trata-se de uma liberalidade atribuída ao Ministério Público, que pode incluir a combinação com a aplicação de medida socioeducativa em meio-aberto, mesmo que para isso não seja exigido do adolescente o reconhecimento da autoria do ato infracional supostamente praticado. Tal procedimento pode ser aplicado em substituição ao devido processo legal e pode ter como conseqüência posterior a regressão por descumprimento da medida aplicada a título de transação. Sendo assim, existe a possibilidade legal de privar-se a liberdade do adolescente, sem que ele tenha respondido ao processo de conhecimento.

Um aspecto relevante diz respeito ao tema da gestão da prova. De um lado, conta-se com o avanço que significa a exclusiva titularidade da representação por parte do Ministério Público, enquanto uma característica acusatória do Processo Penal previsto no Estatuto. No entanto, de outra parte, a Lei especial deixou de prever competência probatória restrita à acusação, na medida em que não constitui como requisito, enquanto elemento da peça inicial, a necessidade de demonstração da materialidade e dos indícios de autoria.

Constata-se, ainda, a existência de outras impropriedades evidentes na Lei, como a falta de previsão específica de defesa em vários momentos processuais. Entre estes momentos, estão a audiência com o promotor de justiça para transação pré-processual, o rito de decisão para a decretação da regressão pelo não cumprimento de medida em meio-aberto ou a audiência de apresentação, em que não está expressa a necessidade de nomeação de defensor em caso de ato infracional não grave.

X – Na observação a cerca da prática processual, verifica-se que, em função da competência atribuída ao Ministério Público do zelo pelos direitos difusos e coletivos e pela legalidade, este órgão algumas vezes não assume claramente seu papel de acusação. Em consequência, confundem-se, durante o processo, as funções a serem exercidas pela defesa, pelo promotor ou mesmo pelo juiz. É comum observar-se os operadores jurídicos atuando como se todos tivessem interesses convergentes e suas intervenções expressassem sempre a busca do "bem-estar" dos adolescentes.

XI – Para além dos limites contidos na Lei com relação à atuação da defesa, na observação dos processos judiciais, verificou-se fragilidade nas defesas técnicas e a presença de uma tendência à desconsideração da autodefesa, gerando um efetivo desequilíbrio entre as partes processuais. Vê-se que a ausência de defesa material, algumas vezes, corrobora para a condenação de adolescentes pelo cometimento de atos infracionais em que há forçoso enquadramento de seus comportamentos como fatos típicos. Em realidade, mesmo quando existe defesa material, é comum constatar-se que não são realizadas defesas técnicas, de acordo com os instrumentos previstos e disponíveis no Estatuto da Criança e do Adolescente.

De outra parte, embora toda a fragilidade das defesas, portanto, a desconsideração na prática desta garantia, muitos processos não deixam de resultar na aplicação da medida socioeducativa mais gravosa prevista na Lei estatutária, ou mesmo não costumam ser anulados em sede de segundo grau pela ausência do respeito ao direito constitucional de ampla defesa. Portanto, a fragilidade está na atuação geral dos operadores do sistema e na predominância de uma cultura processual que não costuma considerar a importância de um processo de partes, em que, efetivamente, seja considerado o contraditório.

Outrossim, vê-se que a atuação da defesa, a partir do aprofundamento técnico e da qualificação geral de sua intervenção, pode constituir-se em um caminho instrumental para a evolução no respeito às garantias processuais na área do Direito Penal juvenil. Nesse sentido, o papel estatal ganha relevância na medida da necessidade de ampliação e qualificação do papel das Defensorias Públicas.

XII – Constata-se que a forma com que se explicitam as decisões judiciais permite a compreensão de como foi o desenvolvimento dos processos a que se referem. Nesse sentido, pode-se dizer que as decisões judiciais refletem que nos processos em geral não há clara separação entre a atividade de julgar e acusar; não costuma ser respeitada a garantia do contraditório; é comum criminalizar-se comportamentos que não são aceitos em determinados contextos sociais; não há total respeito à legalidade; e predomina a compreensão equivocada acerca da natureza da medida socioeducativa.

Da mesma forma, as circunstâncias em que estão inseridos os processos influenciam diretamente nas decisões judiciais, seja em função do apelo da comunidade para a privação de liberdade de algum dos adolescentes, ou mesmo em função da grande repercussão na opinião pública de um crime cometido.

Outra tendência geral dos processos e, em especial das decisões judiciais, está em não estarem fundamentadas nas provas sobre os fatos imputados, mas sim na personalidade dos adolescentes. Isso demonstra um retorno à concepção de Direito Penal do autor e não do fato, prática processual característica do modelo processual inquisitório e não acusatório, identificada com o paradigma etiológico.

A justificativa para a qualificação da personalidade do agente muitas vezes é feita na abordagem do adolescente como pessoa em condição peculiar de desenvolvimento, na aplicação da medida mais adequada ao autor, ou na própria individualização da medida socioeducativa a ser aplicada. Trata-se, mais uma vez, de uma interpretação distorcida da doutrina da proteção integral e do próprio Estatuto da Criança e do Adolescente, utilizando-se dos princípios norteadores da aplicação das medidas socioeducativas, só que em prejuízo dos adolescentes, e não em seu benefício.

XIII – O Direito Penal constituiu-se ao longo da modernidade em uma promessa que acabou realizando-se em seu sentido contrário. Os ideais de respeito à liberdade da pessoa humana como decorrência do contrato social acabaram por legitimar um sistema de reprodução das desigualdades sociais e da manutenção da estrutura social. O sistema penal atualmente cumpre a função de criminalização da pobreza e de manutenção da estrutura vertical da sociedade, voltando-se para o isolamento dos indivíduos provenientes de estratos sociais mais fracos.

A partir de um modelo penal garantista, entende-se que a opção correta está em minimizar a incidência do Direito Penal, utilizando a legalidade como instrumento de redução do poder punitivo e não de legitimação do sistema vigente. Isso pode ser feito através da preservação das conquistas da modernidade, enquanto respeito às garantias da pessoa humana.

Tendo como referência o contexto histórico da infância e da juventude, a tradicional informalidade como são tratados seus direitos conquistados no ordenamento jurídico e a prática de violação da legalidade a que estão sujeitos, o adequado é reconhecer e efetivar o Direito Penal Juvenil, e com isto, ampliar e legitimar o efetivo respeito às garantias processuais como forma de limitar a atuação punitiva, buscando reduzir os danos decorrente da aplicação indevida da medida socioeducativa de internação.

Por outro lado, sua aplicação de acordo com a legalidade ganha relevância no contexto político de incertezas que se vive na contemporaneidade da sociedade brasileira. A demonstração social de que existe um sistema punitivo para os adolescentes que cometem atos de violência, e que sua utilização de acordo com os parâmetros legais vigentes não legitima a impunidade, pode constituir-se em um importante argumento político contrário à tendência de ampliação da legislação punitiva e, em especial, frente aos movimentos sociais e políticos a favor da redução da idade de inimputabilidade penal. A forma de garantia da legalidade atual, enquanto rol de garantias fundamentais, parece ser a aplicação da própria legalidade, enquanto um instrumento.

Referências bibliográficas

ARIÈS, Philippe. *História Social da Criança e da Família*. 2ª ed. Rio de Janeiro: Guanabara Koogan,1981.
ASSIS, Simone Gonçalves de. *Traçando caminhos em uma sociedade violenta*. Rio de Janeiro: FIOCRUZ, 1999.
AMARAL e SILVA, Antônio Fernando. O mito da inimputabilidade penal e o Estatuto da Criança e do Adolescente. In: *Revista da Escola Superior de Magistratura do Estado de Santa Catarina*, v. 5 , AMC, Florianópolis, 1998.
AROCA, Juan Montero. *Principios Del proceso penal – uma explicación basada en la razón*. Valencia: Tirant lo blanch., 1997.
BAUMAN, Zigmunt. *O mal-estar da pós-modernidade*. Rio de Janeiro: Jorge Zahar Editor, 1998.
BARATTA, Alessandro. *Criminologia Crítica e Crítica do Direito Penal*. Coleção Pensamento Criminológico, 2ª ed., Freitas Bastos Editora, 1999.
——. Infância e Democracia. In: MENDEZ, Emílio García e BELOFF, Mary (orgs.). *Infância, Lei e Democracia na América Latina*. Blumenau: Edifurb, v. 1, p. 47-78, 2001.
——. In: CURY, Munir, AMARAL e SILVA, Antônio Fernando e MENDEZ, Emílio García org. *Estatuto da Criança e do Adolescente Comentado – Comentários jurídicos e sociais*. São Paulo: Malheiros, 1992.
BARDIN, Laurence. *L'analyse de contenu*. France: Presses Universitaires, 1977.
BACILA, Carlos Roberto. Princípios de Avaliação das Provas no Processo Penal e as Garantias Fundamentais. In: BONATO, Gilson (org.). *Garantias Constitucionais e Processo Penal*. Rio de Janeiro: Lúmen Júris, 2002.
BECCARIA, Cesare. *Dos Delitos e das Penas*. 2ª ed., São Paulo: Revista dos Tribunais, 1999.
BELOFF, Mary. Os Sistemas de Responsabilidade Penal juvenil na América Latina. In: MENDEZ, Emílio García e BELOFF, Mary. *Infância, Lei e Democracia na América Latina*, vol. 1. Blumenau: Edifurb, 2001.
BECK, Ulrich. *La sociedad Del Riesgo. Hasta uma nueva modernidad*. Buenos Aires: Paidós, 1998.
BITENCOURT, Cezar Roberto. *Lições de Direito Penal, parte geral*. 3ª ed., revista e ampliada. Porto Alegre: Livraria do Advogado, 1995.
BRANDÃO, Cláudio. *Introdução ao Direito Penal: análise do sistema penal à luz do princípio da legalidade*. Rio de Janeiro: Forense, 2002.
BRUNÕL, Miguel Cilleno. Nulla Poena Sine Culpa. Um Limite necesario al catigo penal in Justicia y Derechos Del Niño. In: *Justicia y Derechos del Niño*. Buenos Aires: UNICEF, Fundo de las Naciones Unidaspara la Infancia, Oficina de Área para Argentina, Chile y Uruguay, nº 3, p. 65-75, 2001.

BUENO de CARVALHO, Amilton. O Juiz e a Jurisprudência: Um Desabafo Crítico. In: BONATO, Gilson (org.). *Garantias Constitucionais e Processo Penal*. Rio de Janeiro: Lúmen Júris, 2002.

CARNELUTTI, Francesco. *As misérias do Processo Penal*. Trad. Luis Fernando Lobão de Moraes. Campinas: Edicamp, 2002.

CARVALHO, Salo de. *Penas e Garantias: uma leitura do Garantismo de Luigi Ferrajoli*. Rio de Janeiro: Lúmen Júris, 2001.

——; WUNDERLICH, Alexandre. Criminalidade Econômica e Denuncia genérica: Uma prática Inquisitiva. In: BONATO, Gilson (org.). *Garantias Constitucionais e Processo Penal*. Rio de Janeiro: Lúmen Júris, 2002.

CASTEL, Robert. As armadilhas da exclusão. In: WANDERLEY, Mariângela; BÒGUS, Lúcia; YAZBEK, Maria Carmelita. *Desigualdade e a Questão Social*. São Paulo: EDUC, 1997.

CHIOVENDA, Giuseppe. *Instituições de Direito Processual Civil*. Campinas: Bookseller, v. 1, 1998.

COUTINHO, Jacinto Nelson Miranda. Introdução aos Princípios Gerais do Direito Processual Penal Brasileiro in *Revista de Estudos Criminais*. Porto Alegre: ITEC, vol. 1. 2001.

COSTA, Ana Paula Motta. *As garantias processuais como limite à violência estatal na aplicação da medida sócio-educativa de internação*. Diss. (Mestrado) – Fac. de Direito, PUCRS. Porto Alegre, 2004.

DINAMARCO, Candido Rangel. *A Instrumentalidade do Processo*. 8ª ed. São Paulo: Malheiros, 2000.

DUMONT, Louis. *O individualismo. Uma perspectiva antropológica da ideologia moderna*. Trad. Álvaro Cabral. Rio de Janeiro: Rocco, 1993.

ESTADO DO RIO GRANDE DO SUL, Fundação de Atendimento Sócio-educativo. *Centro do Jovem Adulto: Resgate Histórico*. SOUZA, Maria Lúcia Ricardo e MENEZES, Naida (pesq.). COSTA, Ana Paula; FERREIRA, Kátia Maria e OLIVEIRA, Patrícia Trindade (org.). Porto Alegre: CORAG, 2002.

FERRAJOLI, Luigi. *Derecho y Razón: teoria del garantismo penal*. Madri: Trotta, 1995.

——. Derecho Penal Mínimo y Bienes Juridicos Fundamentales. In: *Revista de la Asociación de Ciencias Penales da Costa Rica*, [s.n.], marzo-junio, año 4, n. 5, 1992.

——. Prefácio. In: MENDEZ, Emílio García e BELOFF, Mary. *Infância, Lei e Democracia na América Latina*. Trad. Eliete Ávila Wolff. v. 1. Blumenau: Edifurb, 2001.

FOUCAULT, Michael. *Vigiar e Punir – História de Violência nas Prisões*. 12ª ed. Petrópolis: Vozes, 1995.

GAUER, Ruth. Alguns aspectos da Fenomenologia da Violência. In: GAUER, Gabriel e GAUER, Ruth. *A Fenomenologia da Violência*. Curitiba: Juruá Editora, 2000.

GARLAND, David. As contradições da sociedade punitiva. O caso Britânico. *Revista Sociologia e Política*, Curitiba: nº 13, p. 59-80, nov. 1999.

GARRIDO de PAULA, Paulo Afonso. *Direito da Criança e do Adolescente e Tutela Jurisdicional Diferenciada*. São Paulo: Editora Revista dos Tribunais, 2002.

——. In: CURY, Munir; AMARAL e SILVA, Antônio Fernando e MENDEZ, Emílio García (org.). *Estatuto da Criança e do Adolescente Comentado – Comentários jurídicos e sociais*. São Paulo: Malheiros, 1992.

——. El Ministério Público y los Derechos Del Niño y Del Adolescente en el Brasil. In: *Justicia y Derechos Del Niño*, Buenos Aires: UNICEF, Fondo das Naciones Unidas para la Infância, Oficina de área para Argentina, Chile e Uruguay, n. 2, p. 49-75, 2000.

GOLDSCHMIDT, James. *Problemas Juridicos y Politicos del Proceso Penal*. Barcelona: Bosch,1935.

GOMES da COSTA, Antônio Carlos. In: CURY, Munir, AMARAL e SILVA; Antônio Fernando e MENDEZ, Emílio García (org.). *Estatuto da Criança e do Adolescente Comentado – Comentários jurídicos e sociais*. São Paulo: Malheiros, 1992.

——. *De menor a cidadão*. Centro Brasileiro para a Infância e Adolescência, Ministério da Ação Social, Governo do Brasil, [s. d.].

GOMES FILHO, Antônio Magalhães. *A motivação das Decisões Penais*. São Paulo: Revista dos Tribunais, 2001.

GOVERNO DO ESTADO DO RIO GRANDE DO SUL, Fundação de Atendimento Socioeducativo. *Avaliação e Sistematização – Gestão 2000-2002: registro, avaliação e perspectivas de continuidade dos projetos do planejamento estratégico* Dez/2002.

GUINDANI, Miriam. Violência e prisão: um jogo de espelhos. In: *Filhos e vítimas do tempo da violência: a família, a criança e adolescente*. Curitiba: Juruá, 2003.

JESCHECK, Hans-Heinrich. *Tratado de Direcho Penal – Parte Geral*. Granada: Comares, 1993.

KARAN, Maria Lúcia. *De Crimes, Penas e Fantasia*, 2ª ed. Rio de Janeiro: Luam, 1993.

LARRAURI, Elena. *La Herencia de la criminogía crítica*, 2ª ed. Madrid: Siglo XXI de España Editores, 1991.

LEITE, Eduardo de Oliveira. *A Monografia Jurídica*. 5ª ed. São Paulo: Revista dos Tribunais, 2001.

LEONE, Giovanni. *Tratado de Direcho Procesal Penal*. Trad. Santiago Sentís Melendo. v. 1. Buenos Aires:Edições Jurídicas Europa-América, 1963.

LOPES JUNIOR, Aury. *Sistemas de Investigação preliminar no Processo Penal*. Rio de Janeiro: Lúmen Júris, 2001.

——. A Instrumentalidade Garantista do Processo de Execução Penal. In: CARVALHO, Salo de. *Crítica à Execução Penal, Doutrina Jurisprudência e Projetos Legislativos*. Rio de Janeiro: Lúmen Júris, 2002.

——. A Imprestabilidade Jurídica dos Laudos Técnicos na Execução Penal. *Boletim IBCCCRIM*, ano 11, nº 123, 2003, p.11-13.

——. *Introdução Crítica ao Processo Penal (Fundamentos da Instrumentalidade Garantista)*. Rio de Janeiro: Lúmen Júris, 2004.

LUISI, Luiz. *Os Princípios Constitucionais Penais*. Porto Alegre: Sergio Antonio Fabris Editor, 1991.

MANRIQUE, Ricardo Pérez. Sobre el Ejercicio de la Defesa de Menores Infratores. In: *Justicia y Derechos Del Niño*. Buenos Aires: UNICEF, Fondo das Nações Unidas para la Infância, Oficina de área para Argentina, Chile e Uruguay, n. 3, p. 165-176, 2000.

MANZINI, Vincenzo. *Tratado de Derecho Procesal Penal*. Trad. Santiago Sentis Melendo y Mariano Ayerra Redín. Tomo 1. Buenos Aires: Ediciones Jurídicas Europa-América., 1951.

MARCONI, Marina de A. e LAKATOS, Eva M. *Técnicas de Pesquisa*. 3ª ed. São Paulo: Atlas, 1996.

MENDEZ, Emílio García. *Infância e Cidadania na América Latina*. São Paulo: Ed. HUCITEC, 1996.

——; BELOFF, Mary (orgs.). *Infância, Lei e Democracia na América Latina*. V. 1. Blumenau: Edifurb , 2001.

——. In: CURY, Munir; AMARAL e SILVA, Antônio Fernando e MENDEZ, Emílio García (org.). *Estatuto da Criança e do Adolescente Comentado – Comentários jurídicos e sociais*. São Paulo: Malheiros, 1992.

———. Adolescentes e Responsabilidade Penal: um debate latino-americano. In: *Por uma reflexão sobre o Arbítrio e o Garantismo na Jurisdição Socioeducativa*. Porto Alegre: AJURIS, Escola Superior do Ministério Público, FESDEP, 2000.

———. (org.). *Estatuto da Criança e do Adolescente Comentado – Comentários jurídicos e sociais*. São Paulo: Malheiros, 1992.

MORALES, Júlio Cortes. A 100 años de la creación del primer tribunal de menores y 10 años de la convención internacional de los derechos del niño: el desafío pendiente. In: *Justicia y Derechos del niño*. Santiago: UNICEF, Ofina de Area para Argentina, Chile y Uruguai, nº 1, p.63-78, 1999.

PEREIRA, Tânia da Silva. *Direito da Criança e do Adolescente*. Rio de Janeiro: Renovar, 1996.

PRADE, Péricles. In: CURY, Munir; AMARAL e SILVA, Antônio Fernando e MENDEZ, Emílio García (org.). *Estatuto da Criança e do Adolescente Comentado – Comentários jurídicos e sociais*. São Paulo: Malheiros, 1992.

PRADO, Geraldo. *Sistema Acusatório – A conformidade Constitucional das Leis Processuais Penais*. Rio de Janeiro: Lúmen Júris, 1999.

———. Prefácio. In: BRANDÃO, Cláudio. *Introdução ao Direito Penal: análise do sistema penal à luz do princípio da legalidade*. Rio de Janeiro: Forense, 2002.

PEREIRA, Tânia da Silva. *Direito da Criança e do Adolescente*. Rio de Janeiro: Renovar, 1996.

SARAIVA, João Batista Costa. *Direito Penal Juvenil: Adolescente e ato infracional, garantias processuais e medidas socioeducativas*. 2ª ed. Porto Alegre: Livraria do Advogado, 2002.

———. *Desconstruindo o Mito da Impunidade: Um Ensaio de Direito (Penal) Juvenil*. Brasília: Saraiva, 2002.

SCHMIDT, Andrei Zenkner, A Crise da Legalidade na Execução Penal. In: CARVALHO, Salo de. *Crítica à Execução Penal*. Rio de Janeiro: Lúmen Júris, 2002.

SILVA, Hélio R. S. A língua-geral da violência. In GAUER, Gabriel e GAUER, Ruth. *A Fenomenologia da Violência*. Curitiba: Juruá Editora., 2000.

SOARES, Luis Eduardo; RIBEIRO,Carlos Antônio Costa; SENTO SÉ, João Trajano; RODRIGUES, José Augusto de Souza; CARNEIRO, Leandro Piquet. Mapeamento da Criminalidade Letal. In: ——— e colaboradores. *Violência e Política no Rio de Janeiro*. Rio de Janeiro: Relume Dumará, ISER, 1996, p. 271-242.

SOARES, Luiz Eduardo; MILITO, Cláudia; SILVA, Hélio R. S. Homicídios dolosos praticados contra crianças e adolescentes do Rio de Janeiro. In: ——— e colaboradores. *Violência e Política no Rio de Janeiro*. Rio de Janeiro:Relume Dumará, ISER, 1996, p. 189-215.

SOARES, Luiz Eduardo. O inominável nosso medo. In: ——— e colaboradores. *Violência e Política no Rio de Janeiro*, Rio de Janeiro: Relume Dumará, ISER, 1996, p. 59-63.

———. *O Drama da Invisibilidade (E a violência como estratégia – paradoxalmente auto-destrutiva – de sobrevivência psicológica)*. Texto não-publicado, cedido pelo autor.

SOTTO MAIOR, Olímpio. In: CURY, Munir; AMARAL e SILVA, Antônio Fernando e WELZEL, Hans. *Derecho penal alemão*. Santiago: Jurídica, 1976.

SOUZA BATISTA, Vera Malaguti. Intolerância Dez, ou propaganda é a alma do negócio. In : *Discursos Sediciosos*, ano 2, nº4, Freitas Bastos, 1997.

VOLPI, Mário. *Sem Liberdades, Sem Direitos*. São Paulo: Cortez, 2001.

WACQUANT, Loïc. *As prisões da miséria*.Rio de Janeiro: Jorge Zahar Editor, 2001.

———. Crime e castigo nos Estados Unidos: de Nixon a Clinton.. *Revista Sociologia e Política*, Curitiba: nº13, p. 39-49, nov. 1999.

WELZEL, Hans. *Derecho penal alemão*. Santiago: Jurídica, 1976.
WUNDERLICH, Alexandre, Por um sistema de Impugnações no Processo Penal Constitucional Brasileiro: Fundamentos para (Re) Discussão. In: WUNDERLICH, Alexandre (org.). *Escritos de Direito e Processo Penal em homenagem ao professor Paulo Cláudio Tovo*. Rio de Janeiro: Lúmen Júris, 2002.
ZAFFARONI, Eugenio Raul.*Criminologia, aproximacìon desde um margen*. Bogotá: Temis, 1998.
——. Palestra proferida no "Congresso Ibero-americano de Direito Penal e Processual Penal", Faculdade de Direito da Ufrgs, agosto de 2002.
ZALUAR, Alba. *A máquina e a revolta. As organizações populares e o significado da pobreza*. 2ª ed. São Paulo: Brasiliense, 1994.

Impressão:
Editora Evangraf
Rua Waldomiro Schapke, 77 - P. Alegre, RS
Fone: (51) 3336.2466 - Fax: (51) 3336.0422
E-mail: evangraf@terra.com.br